# マンダラアート
## 大人のための塗り絵
### Mandala

塗り絵 大人 ストレス解消とリラクゼーションのための

ISBN: 9798680220061

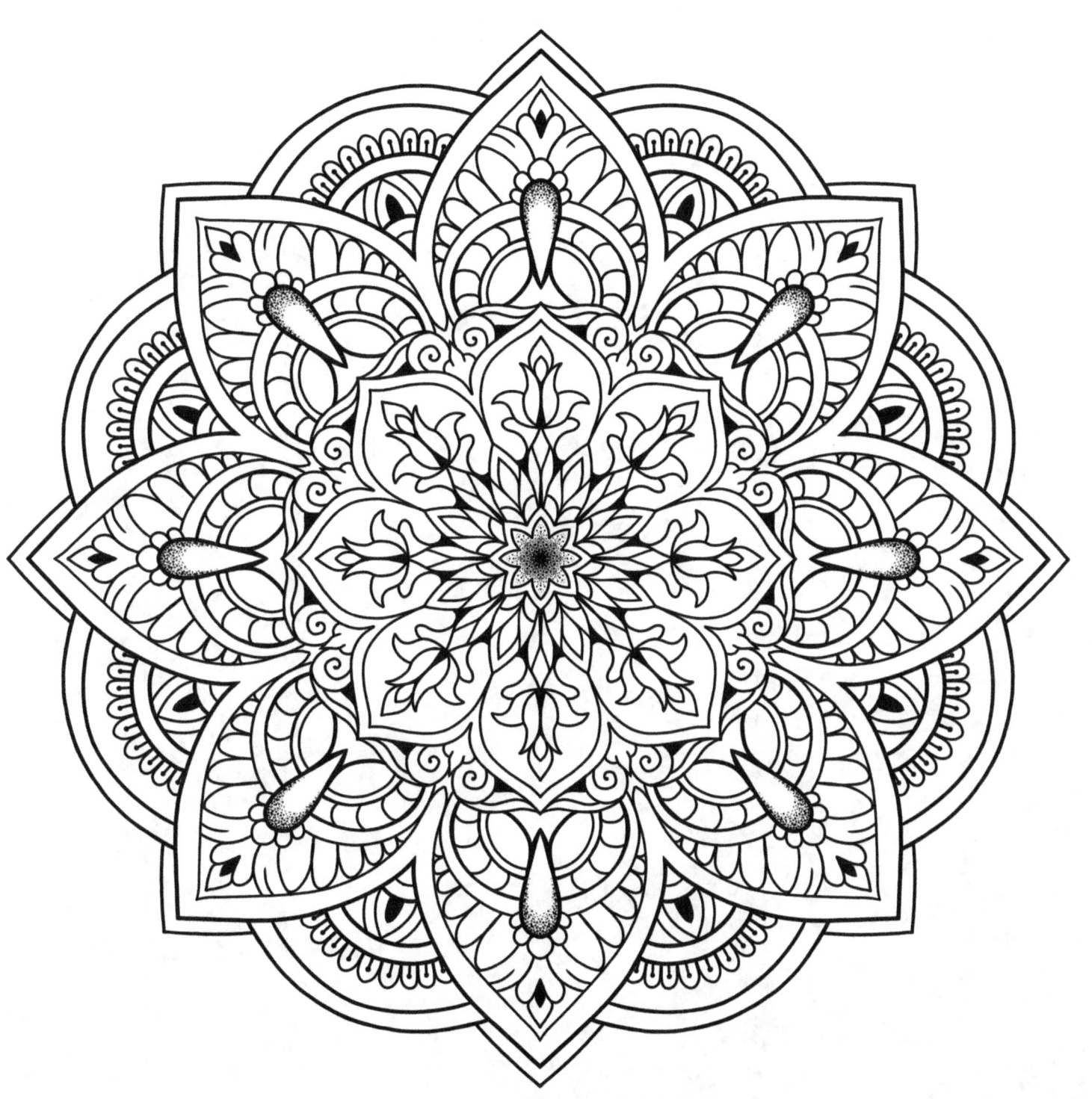

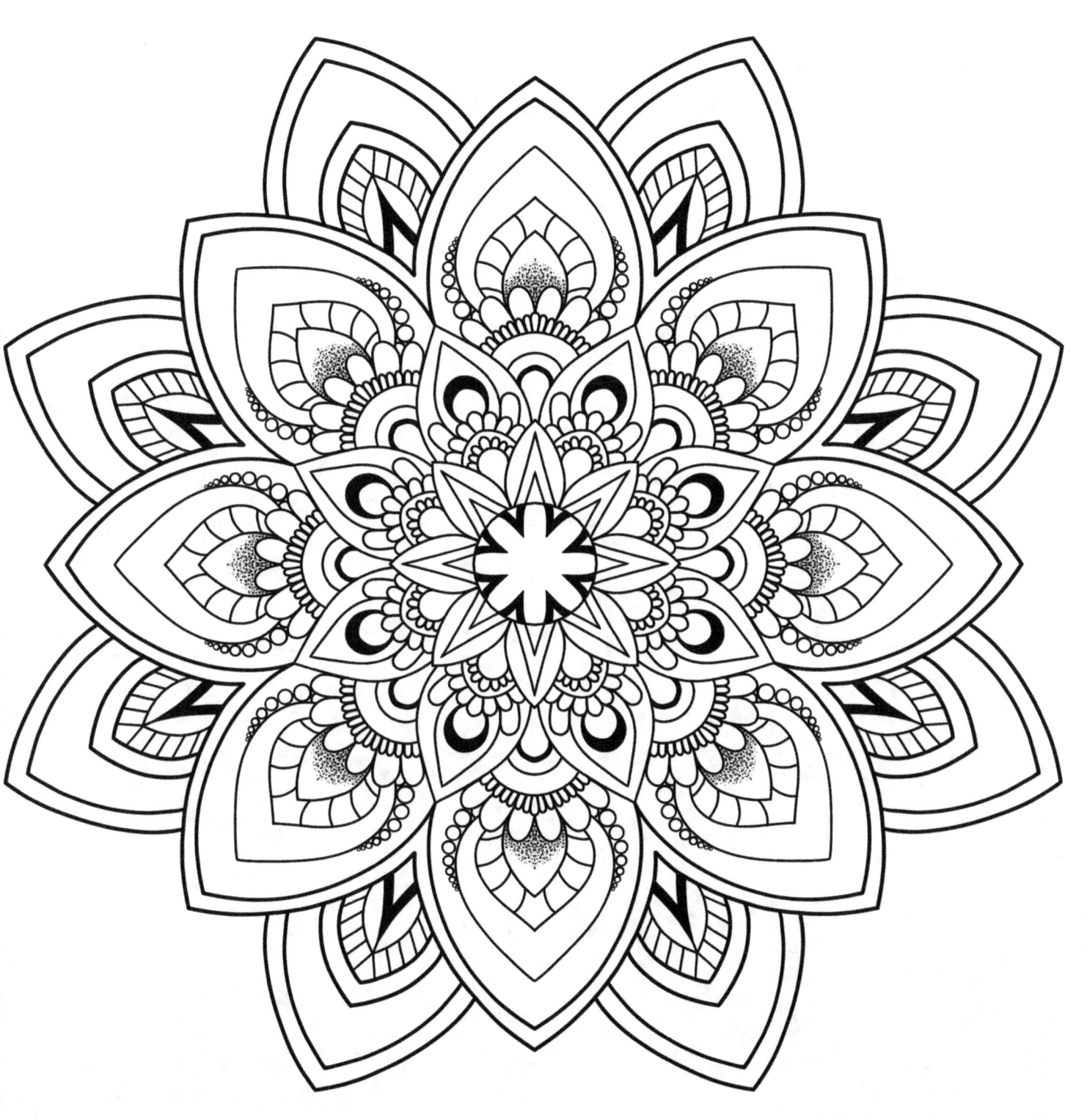

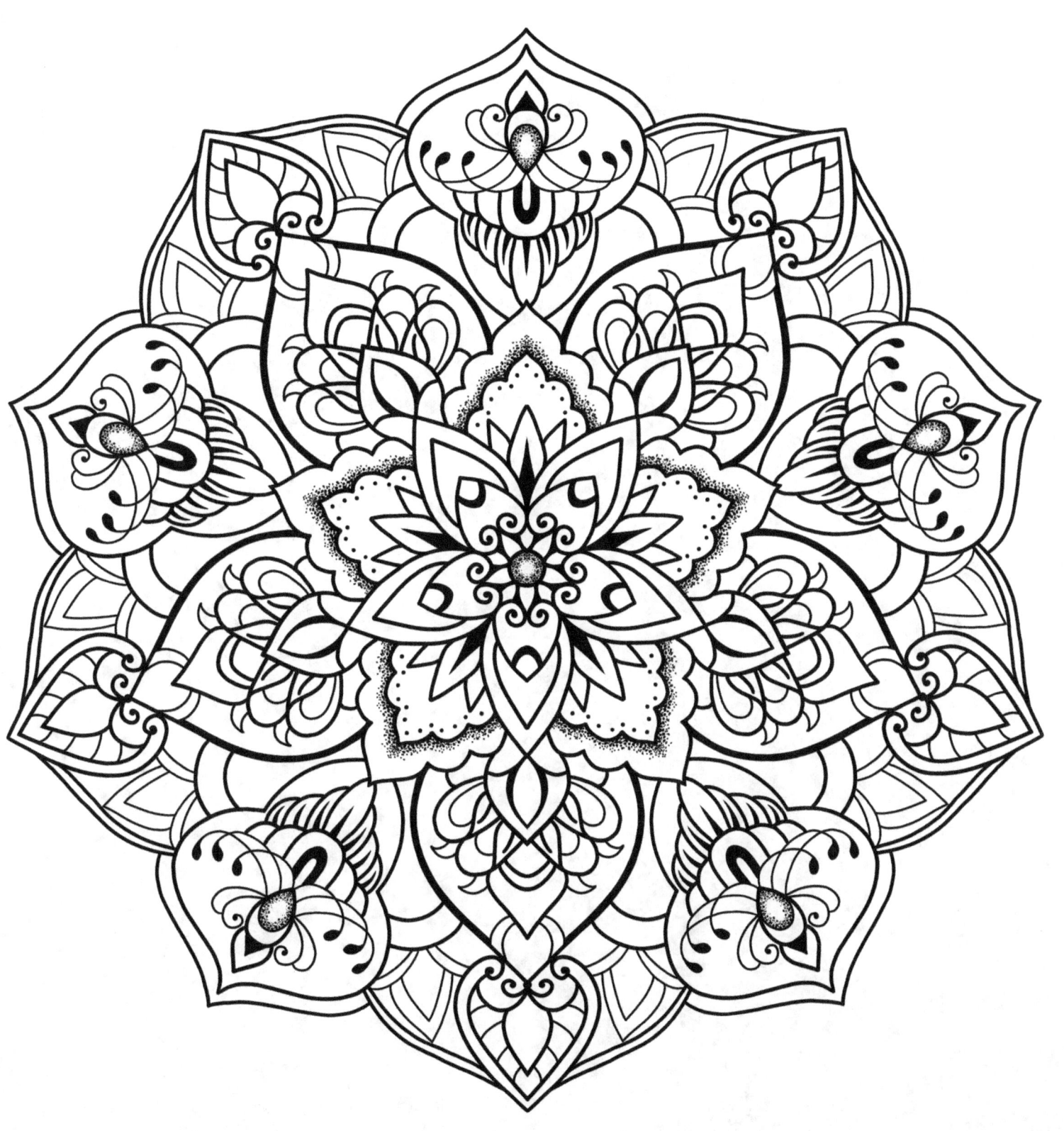

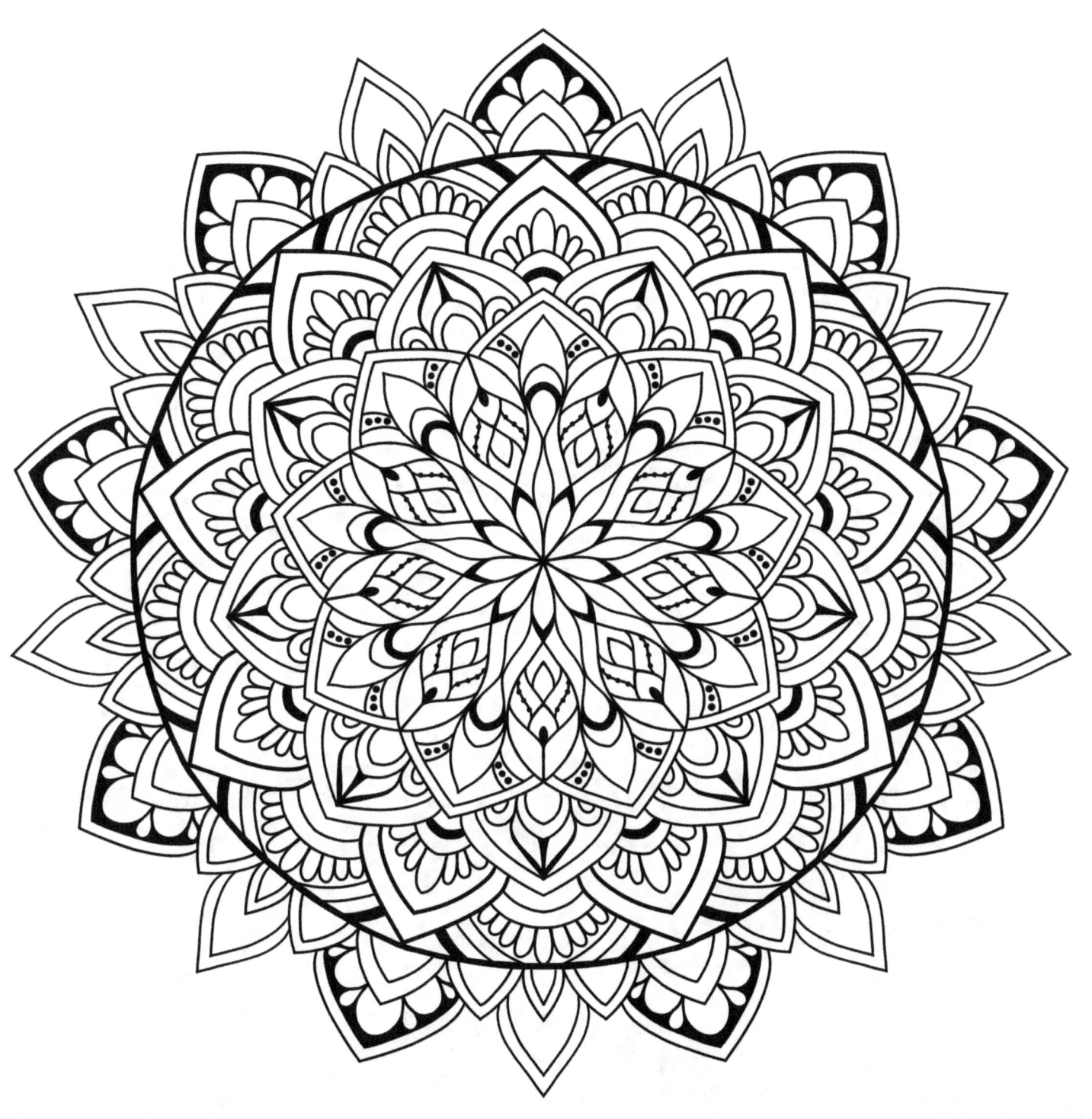

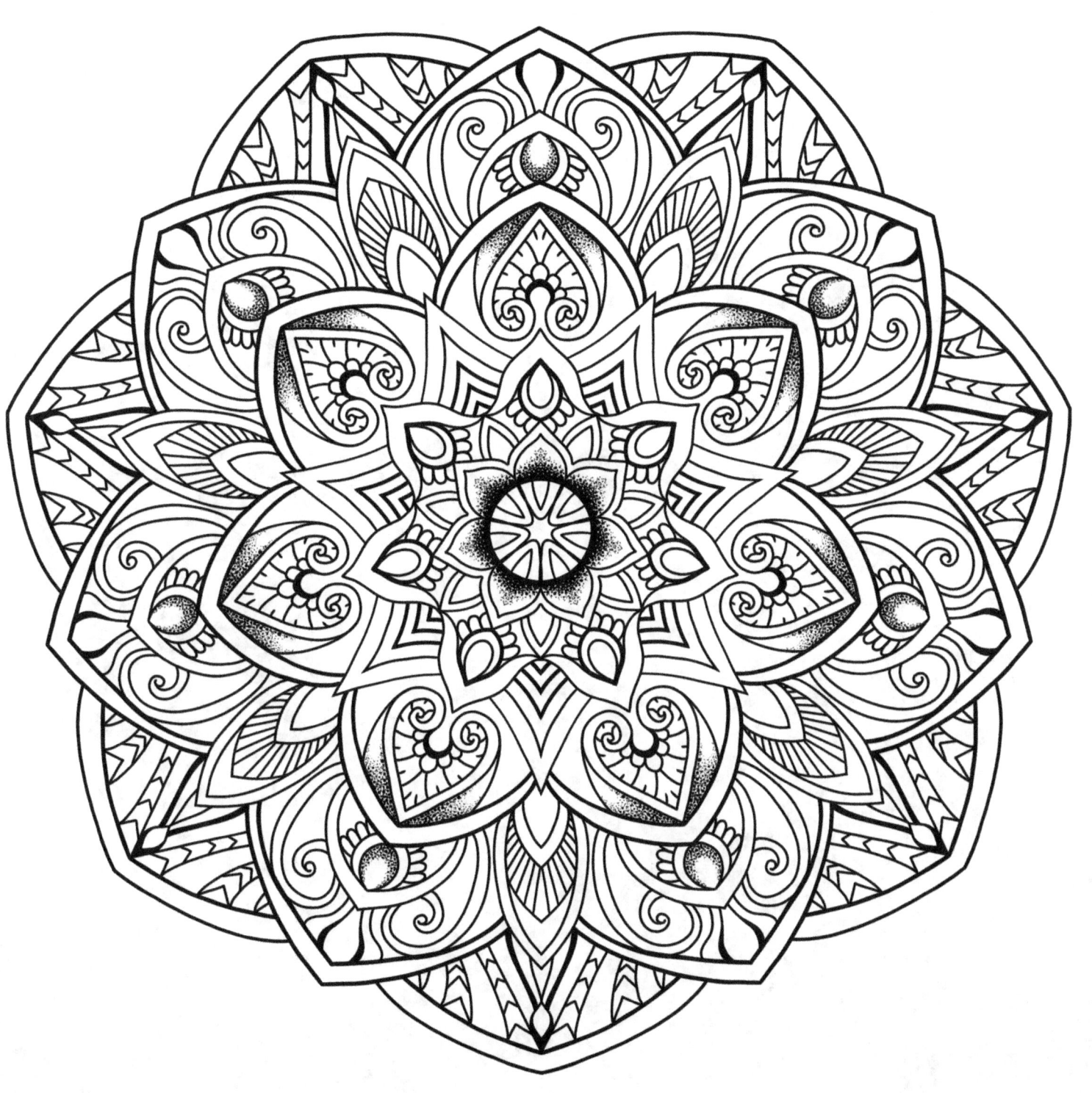

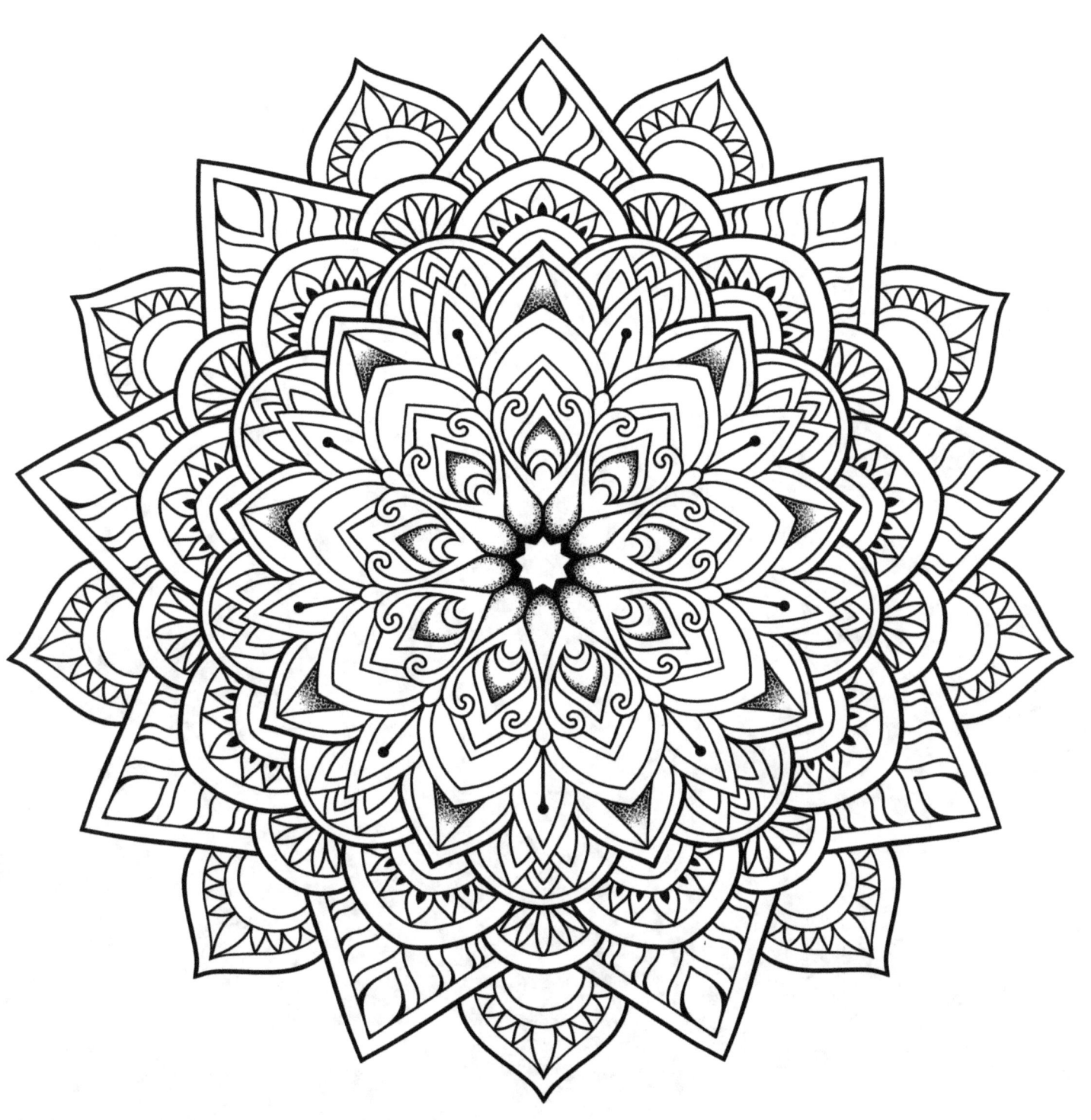

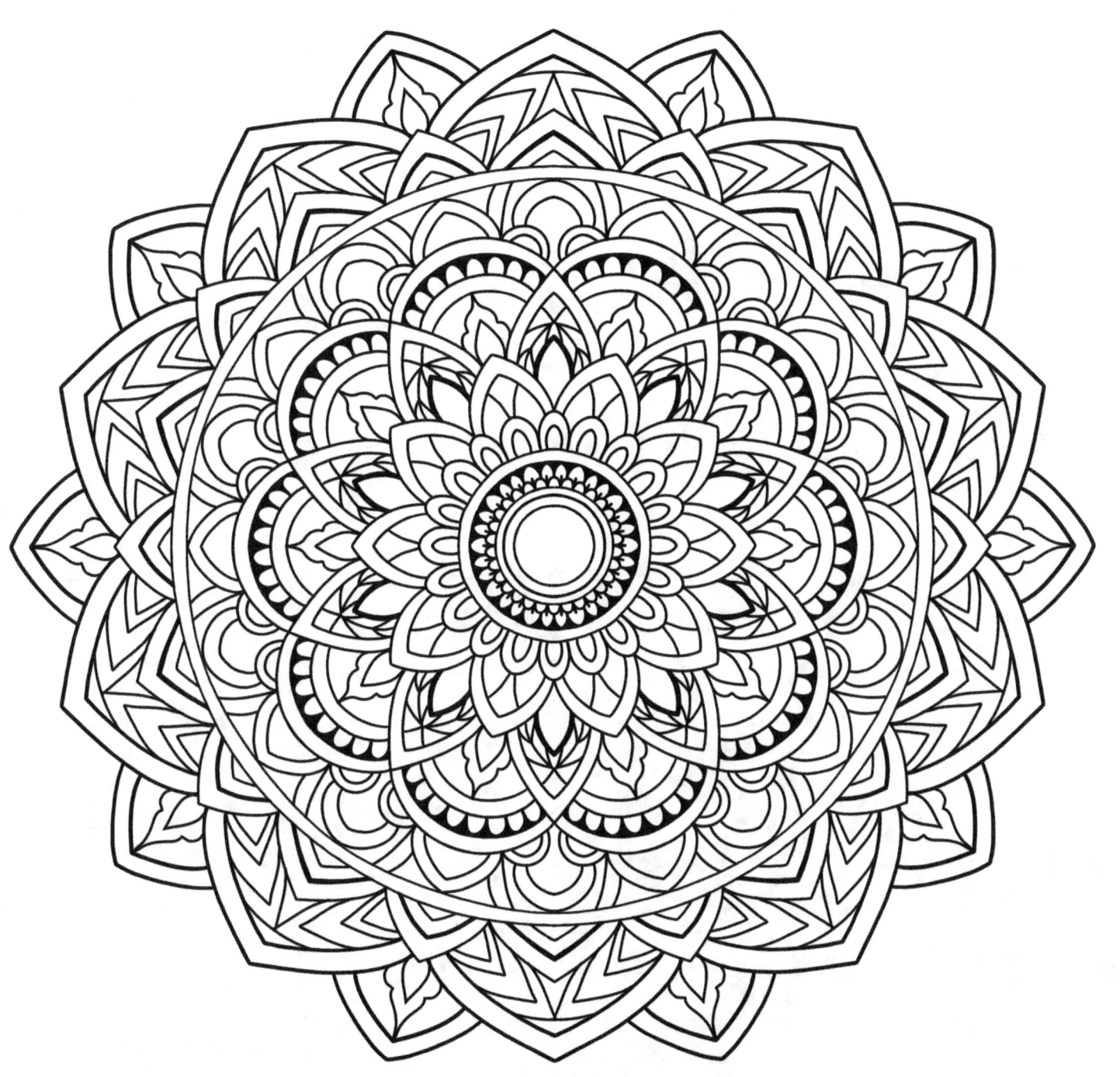

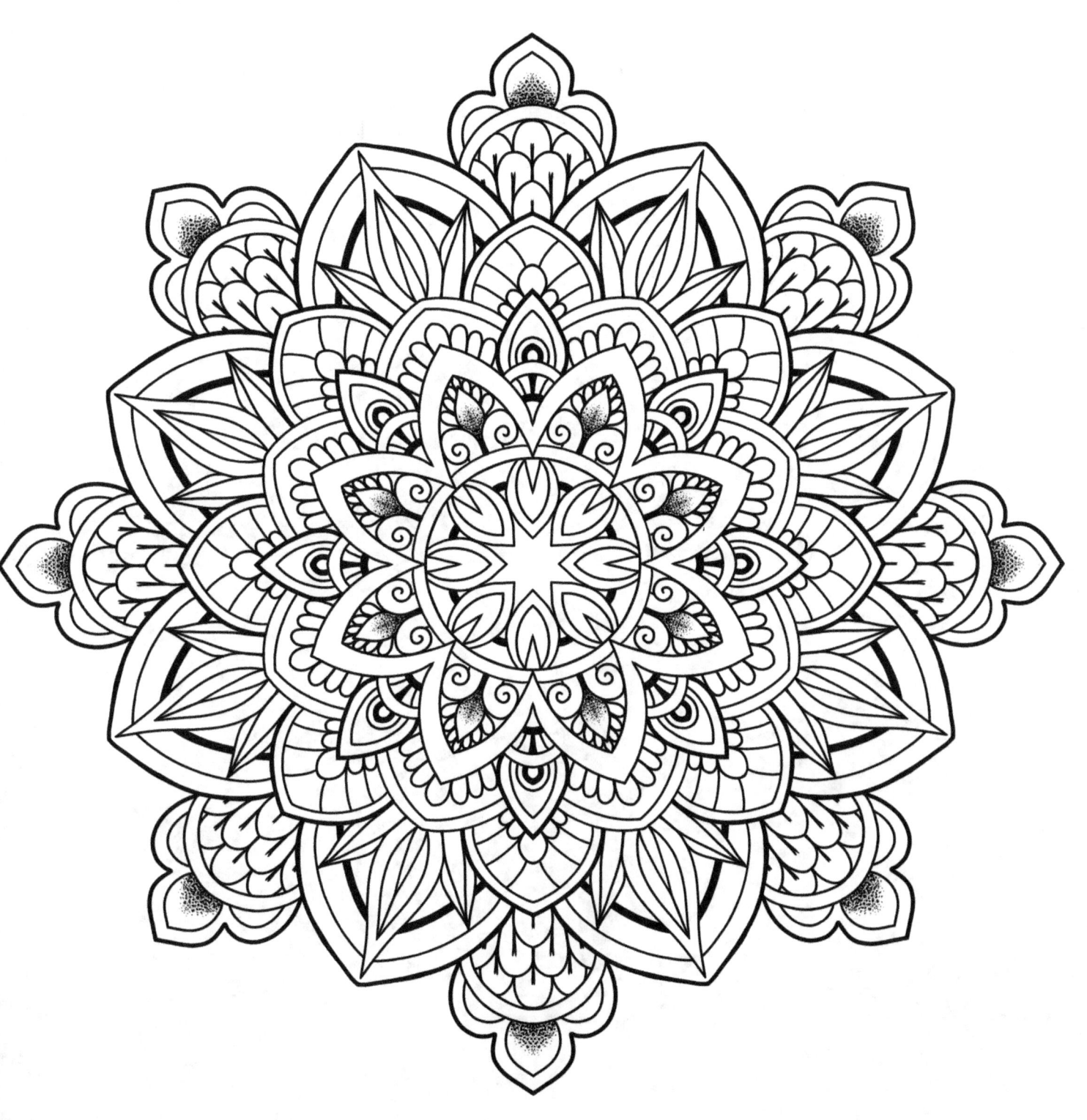

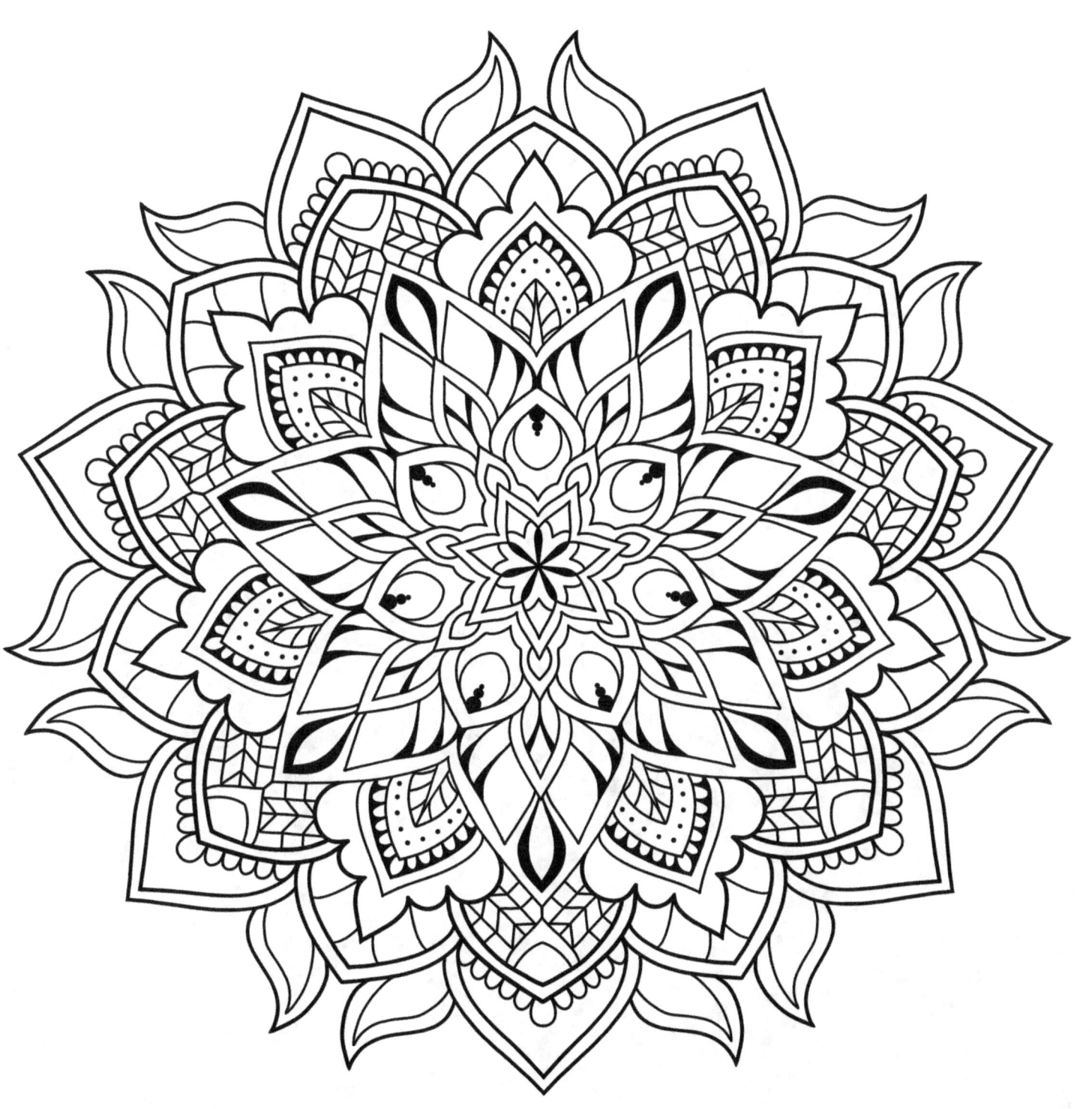

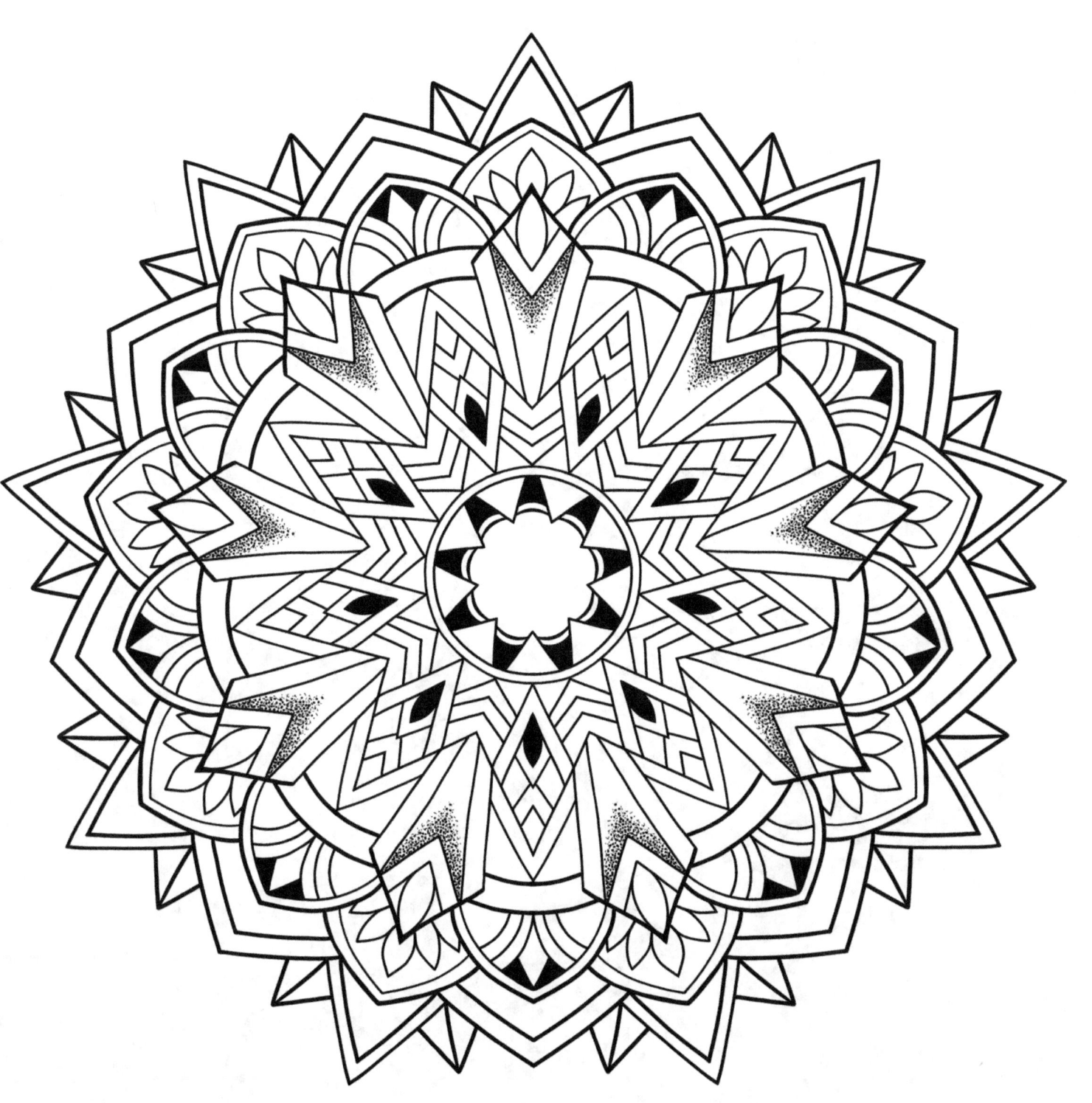

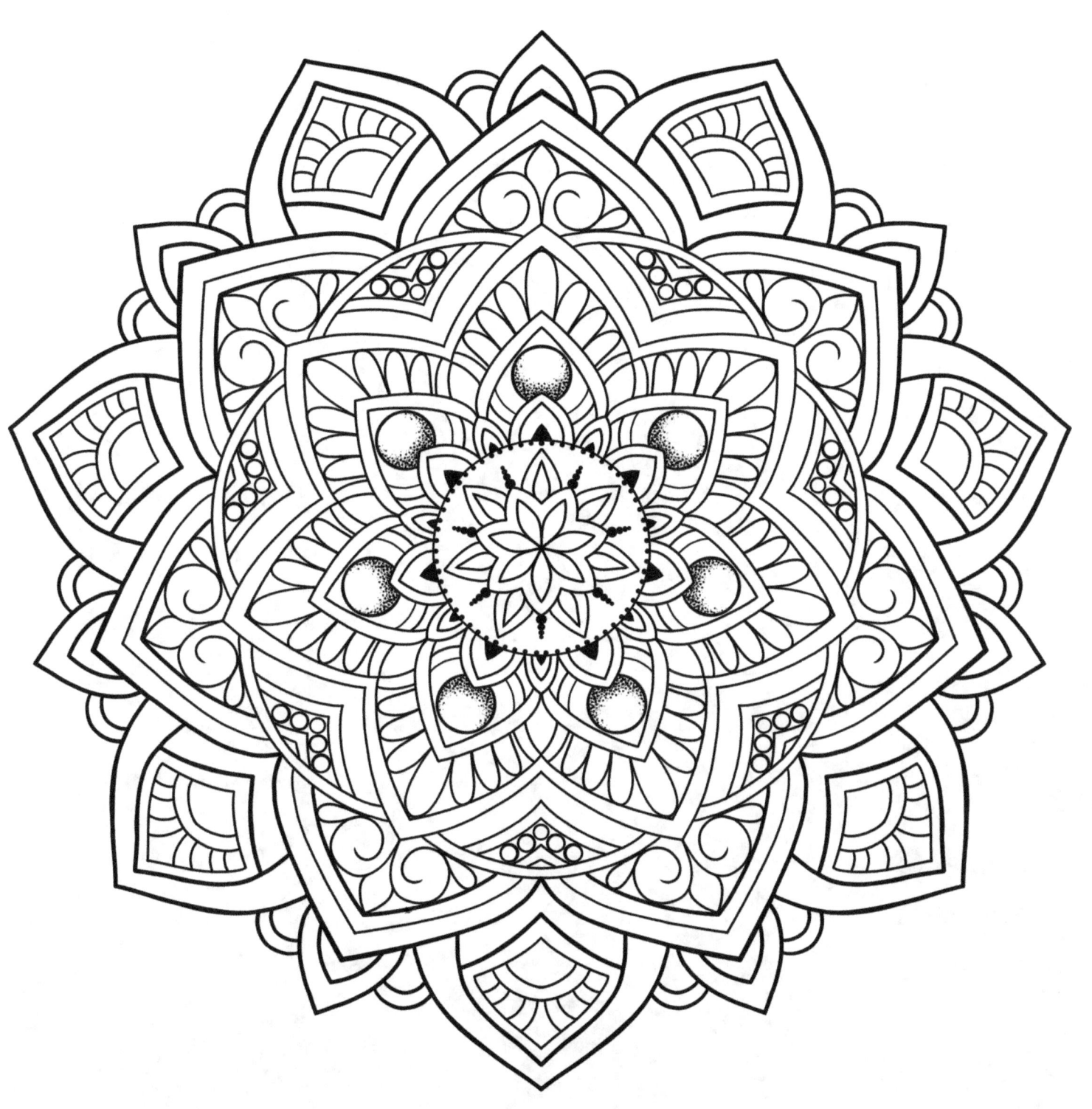

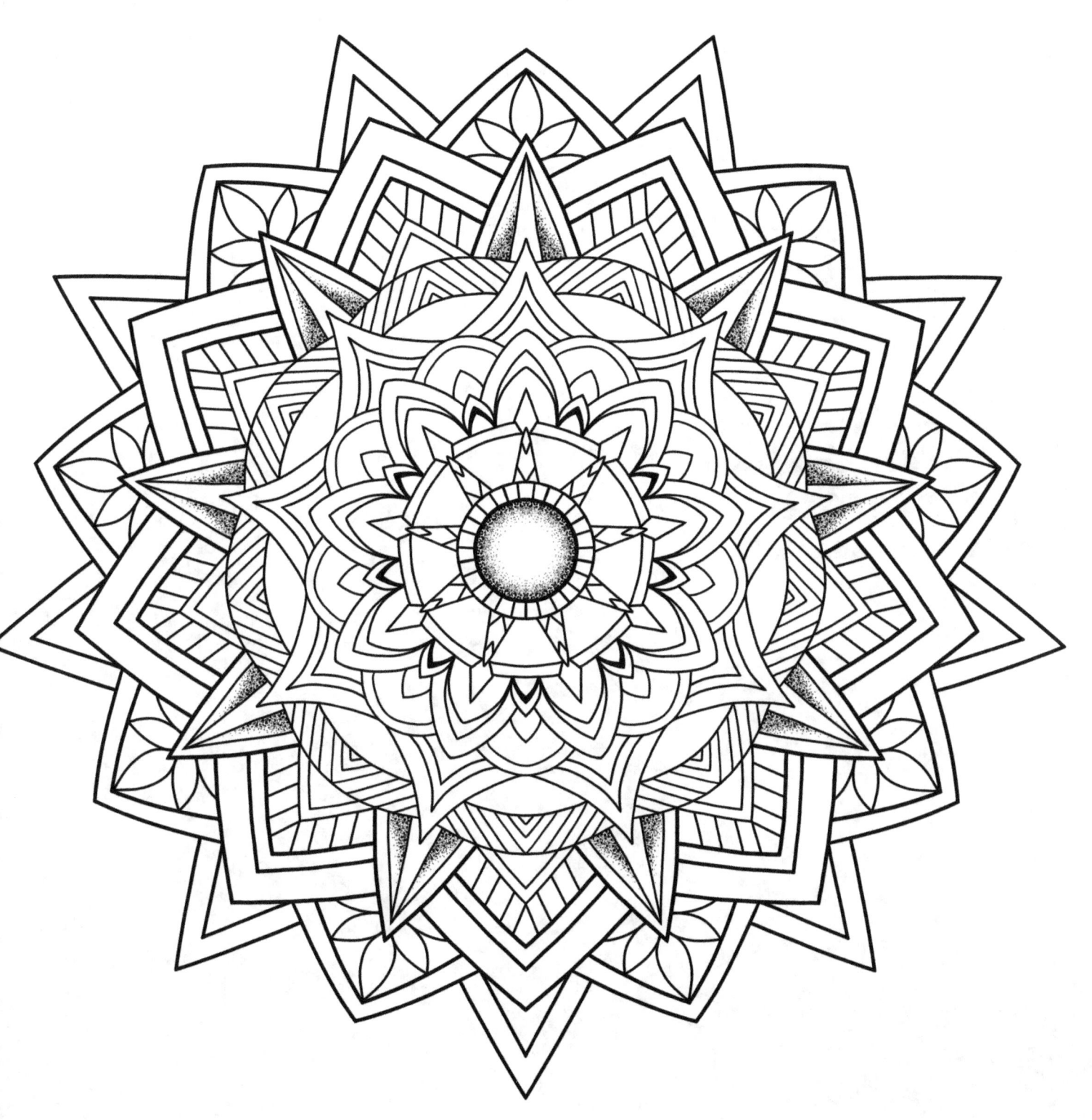

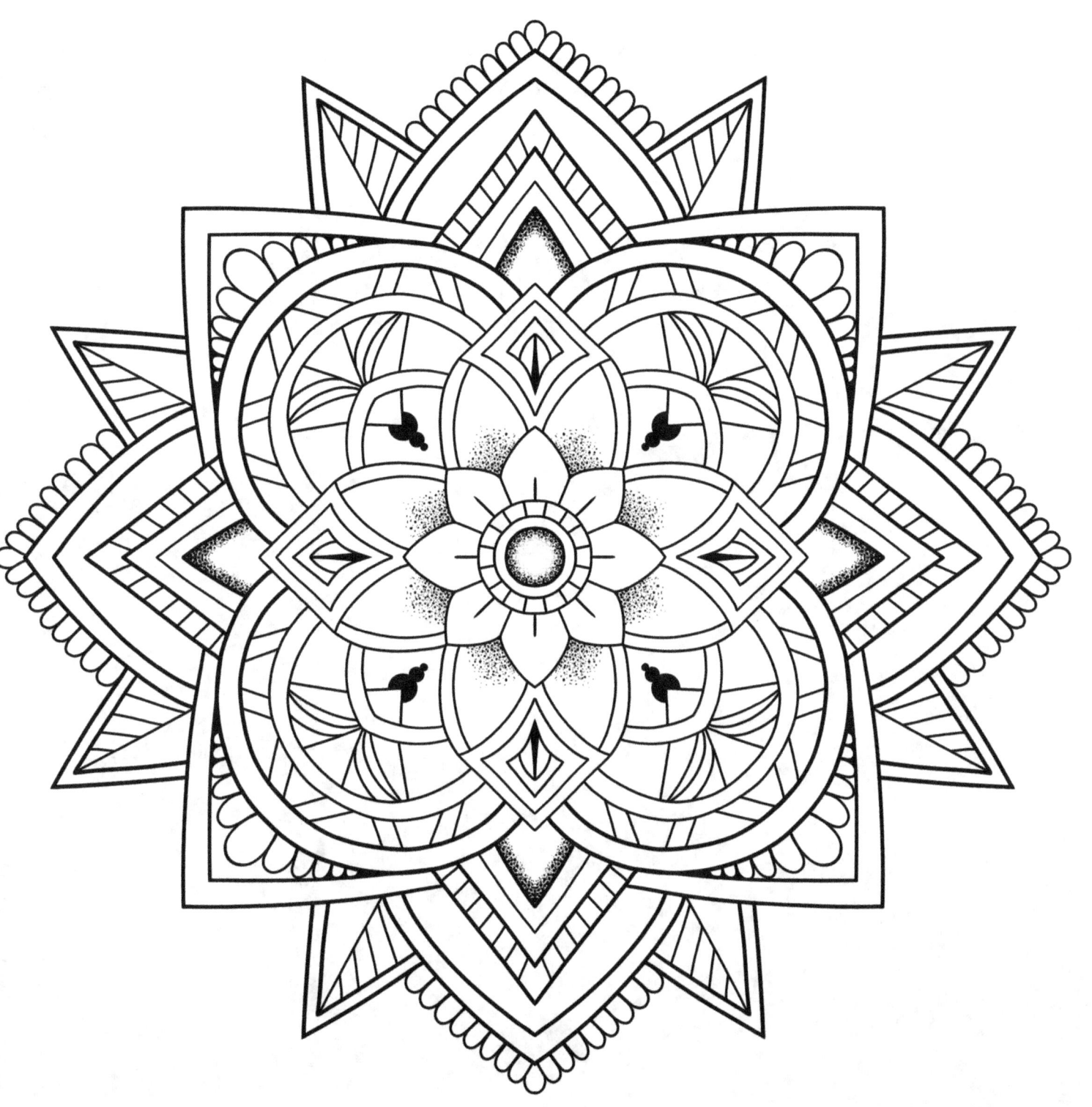

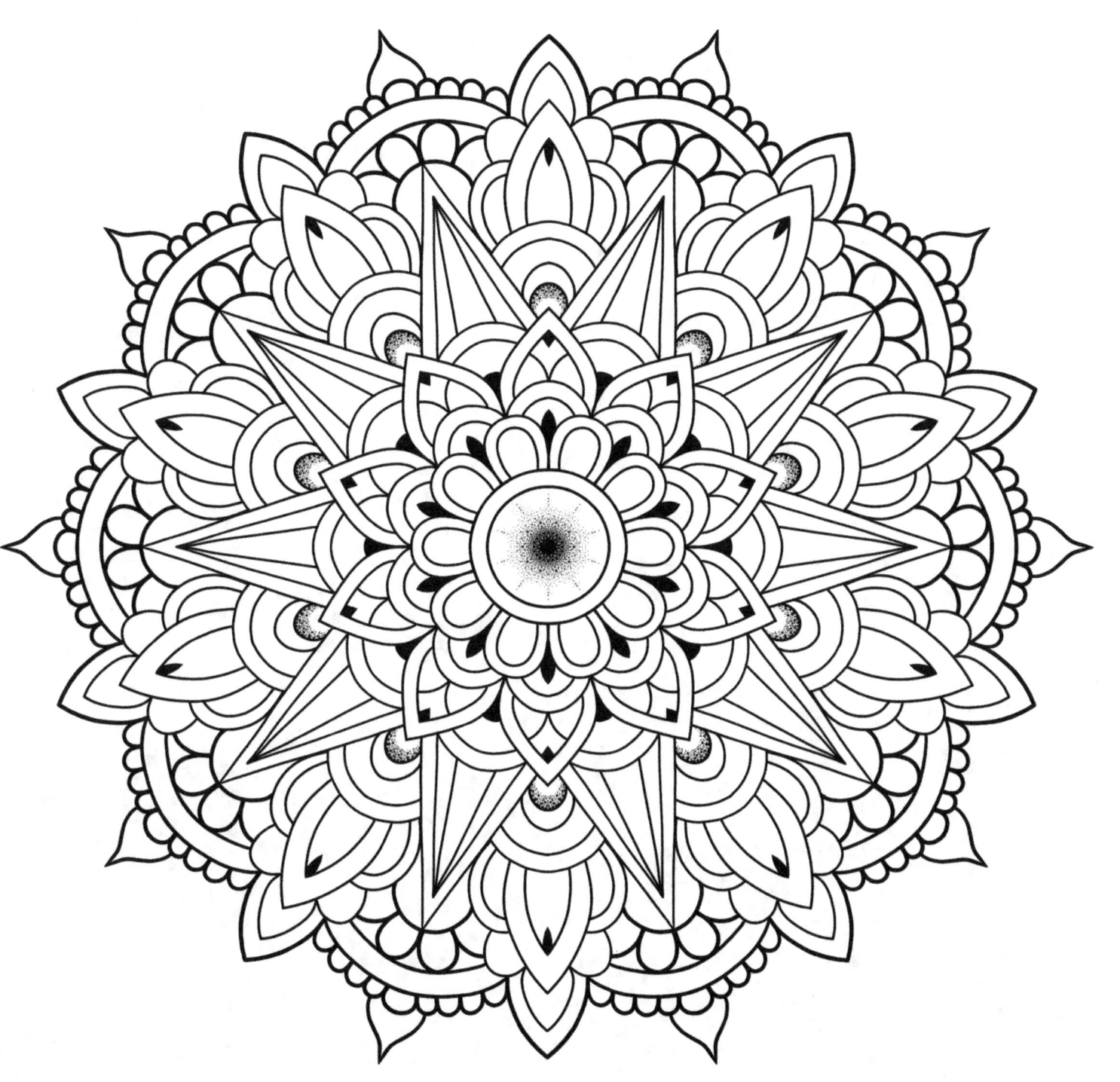

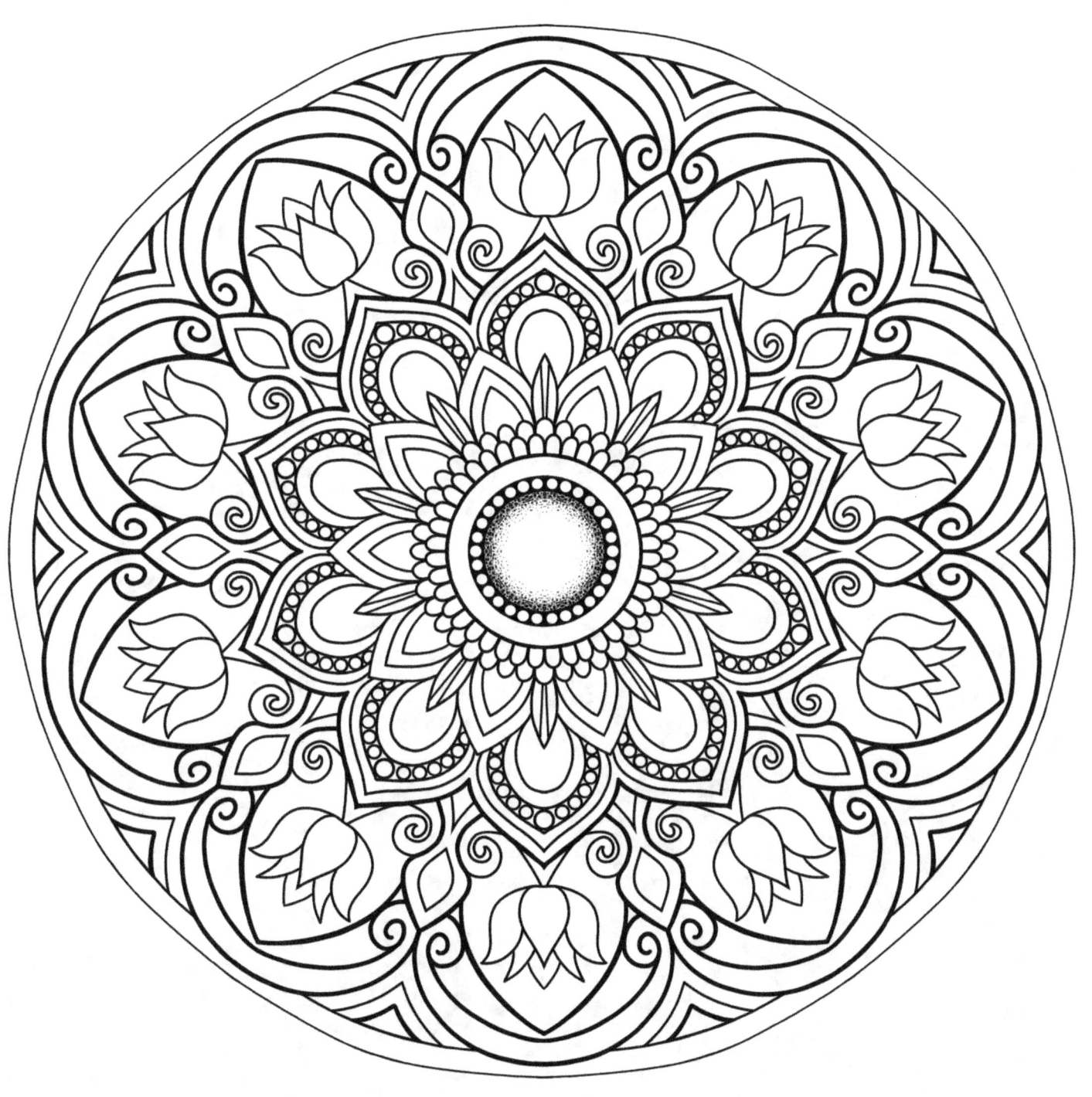

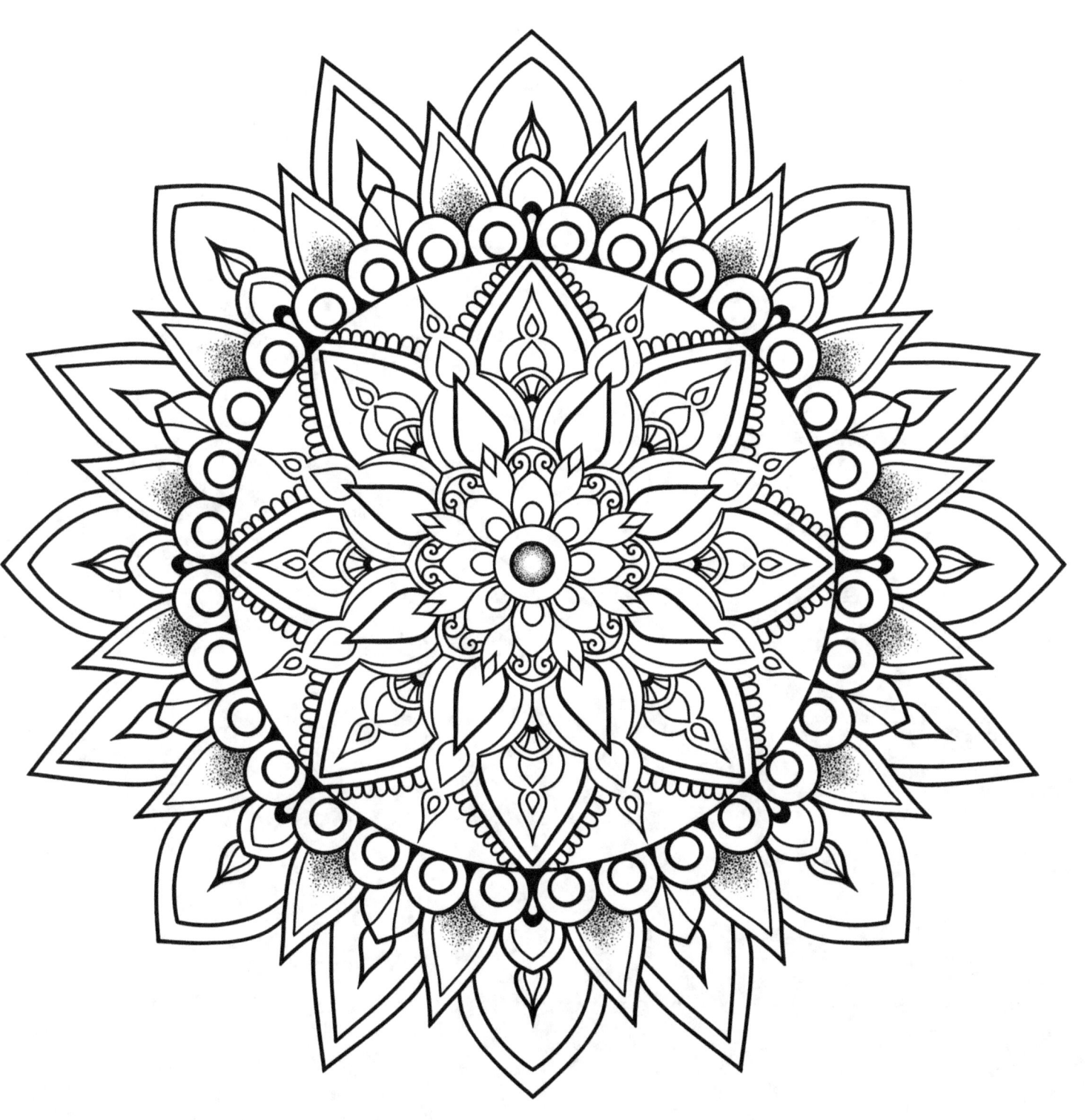

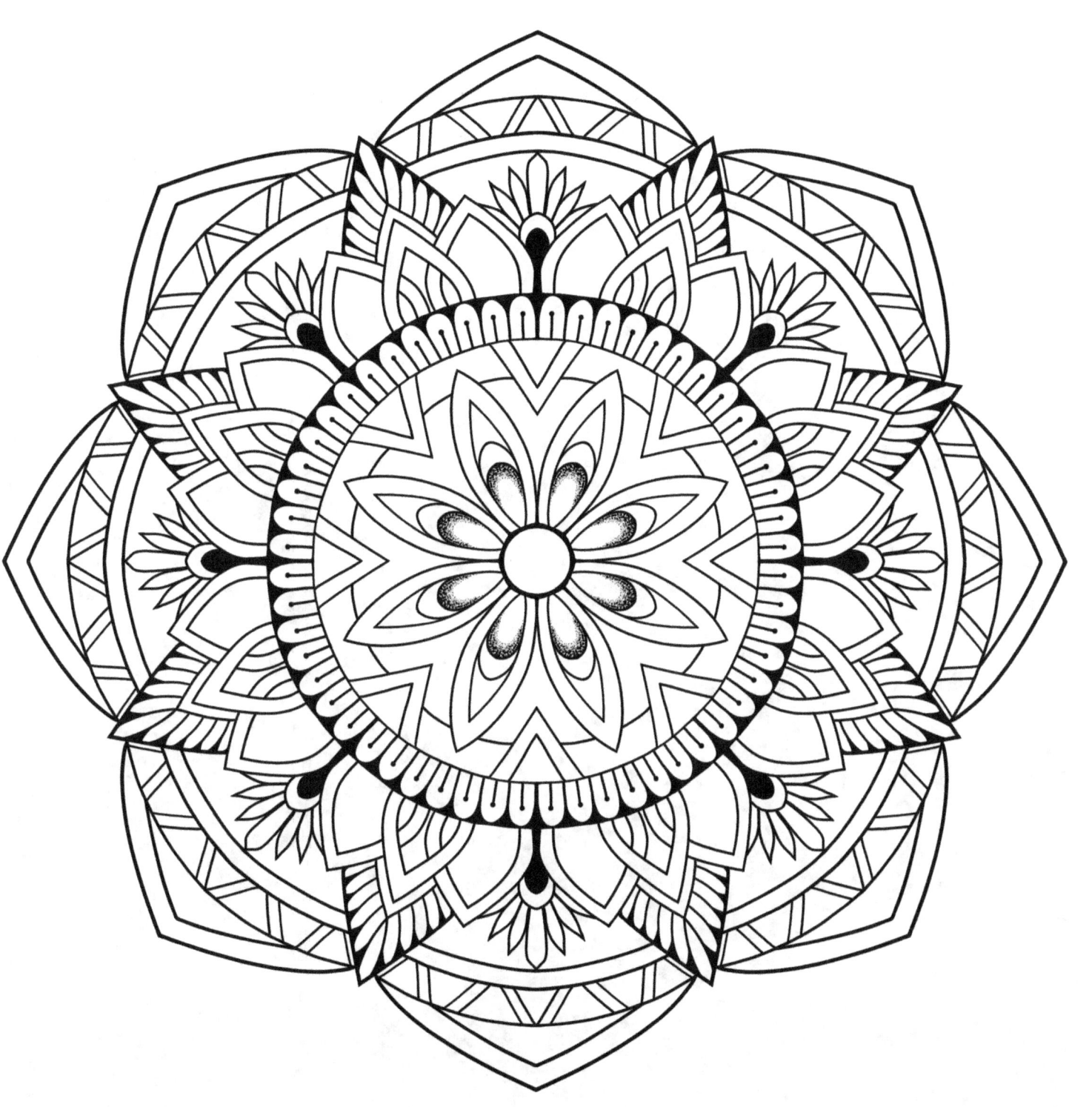

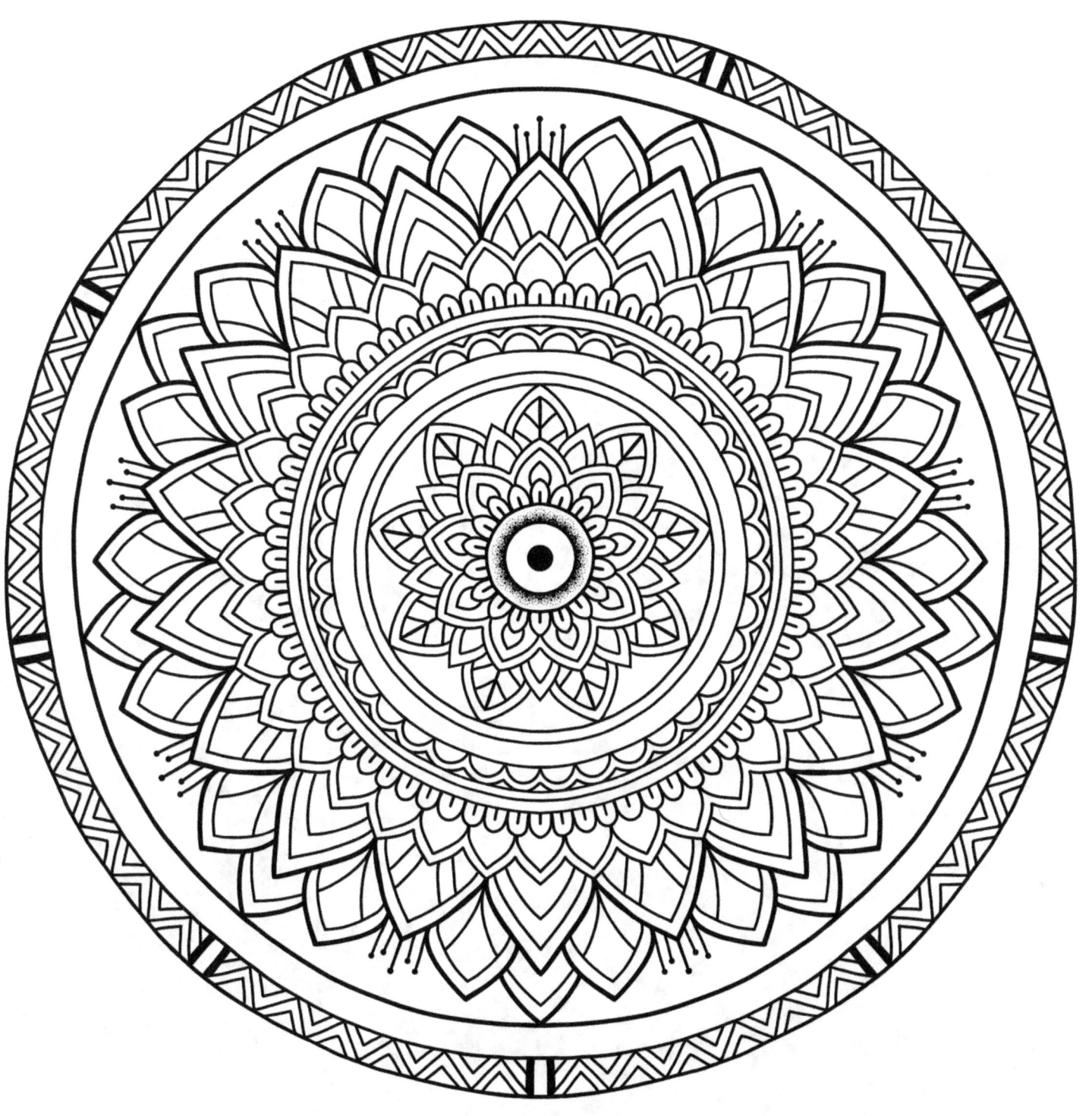

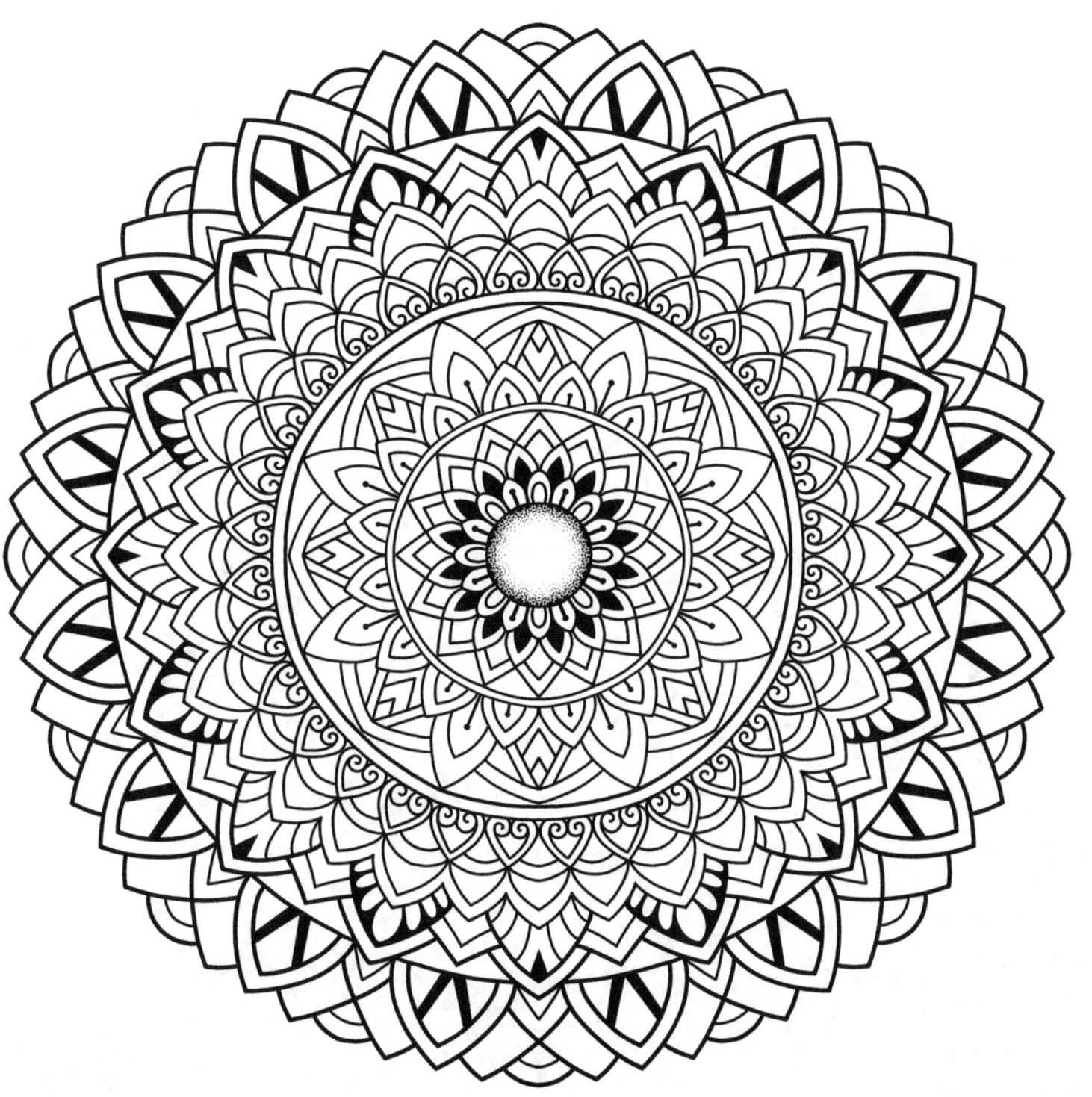

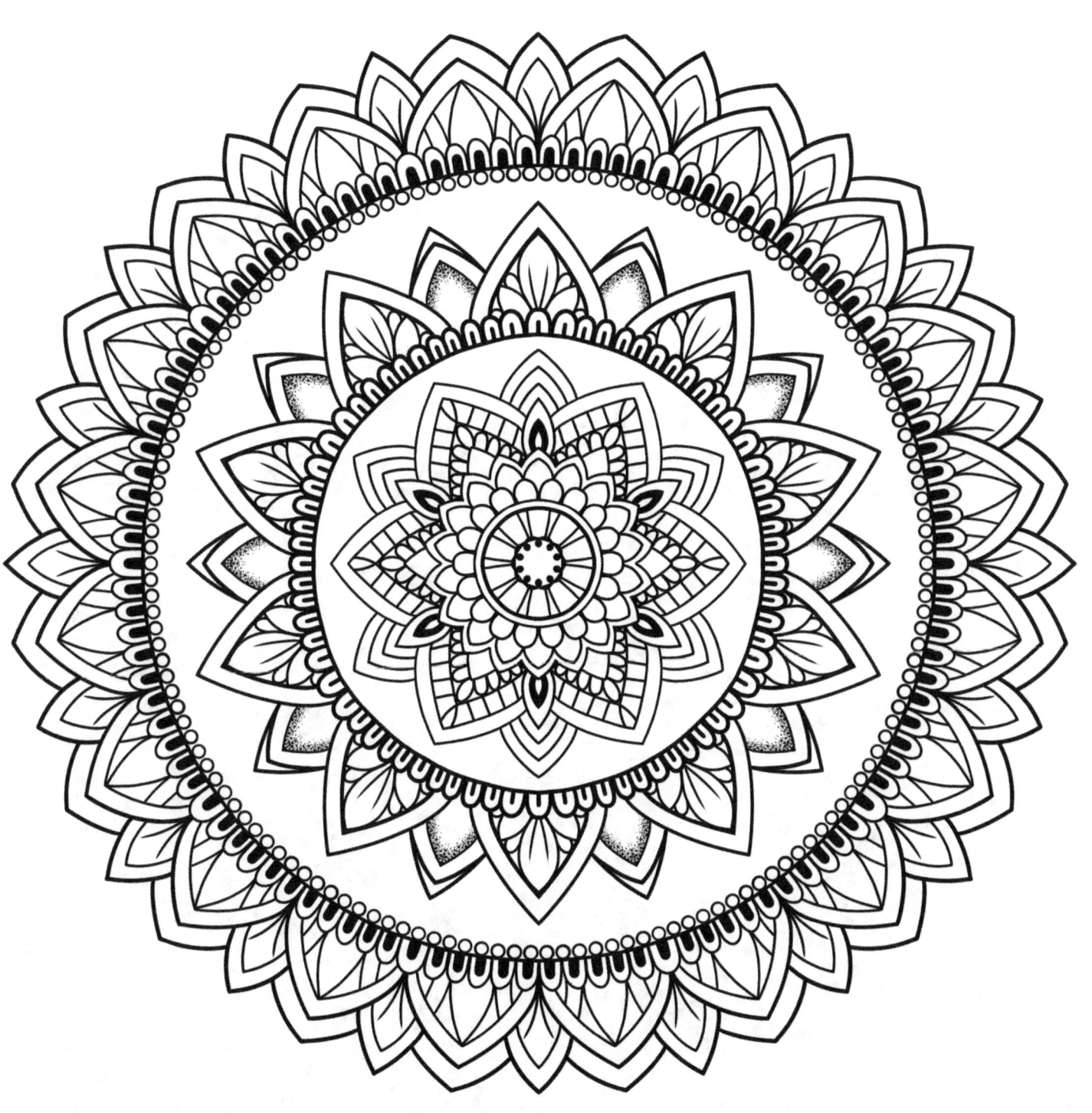

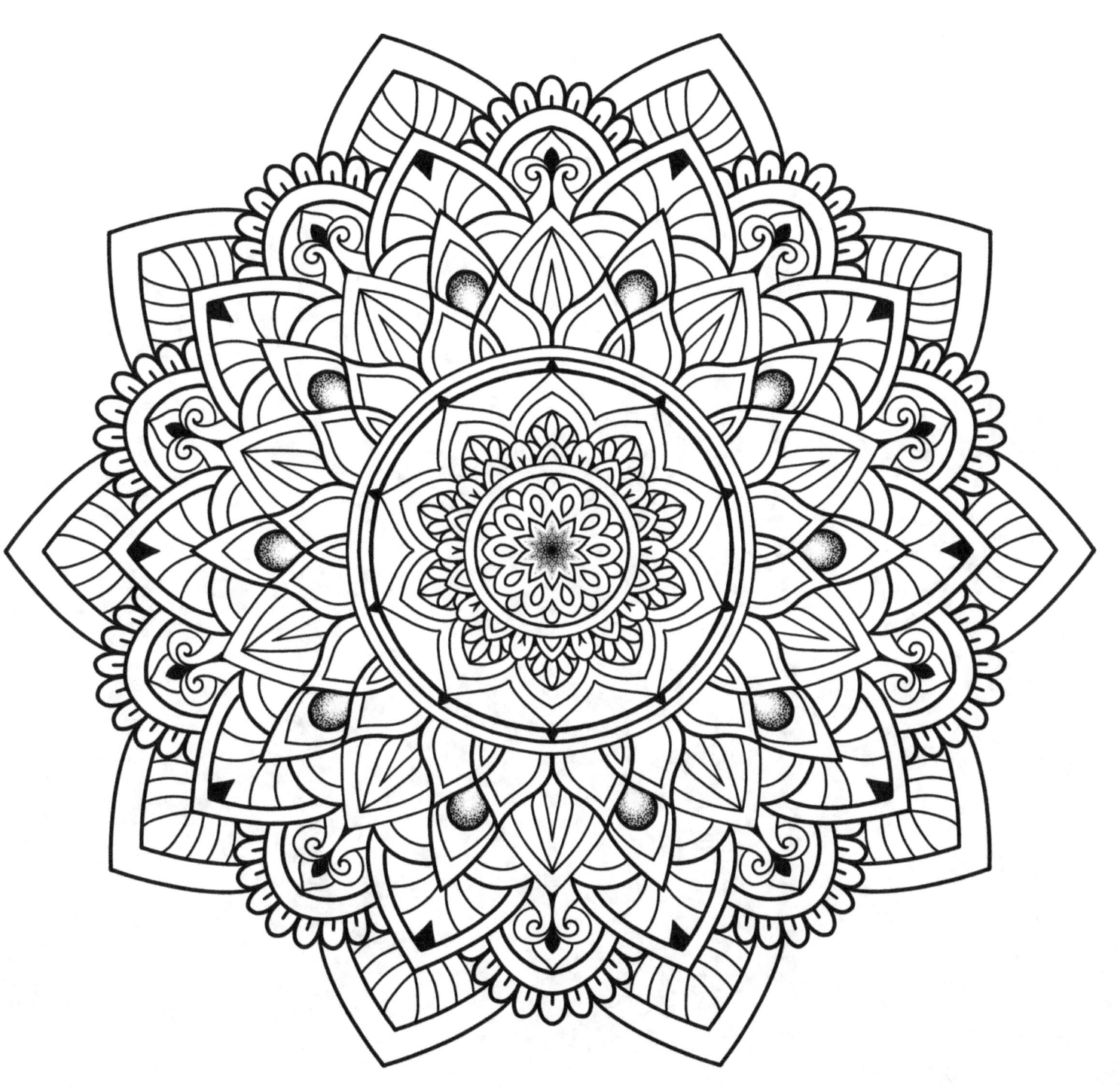

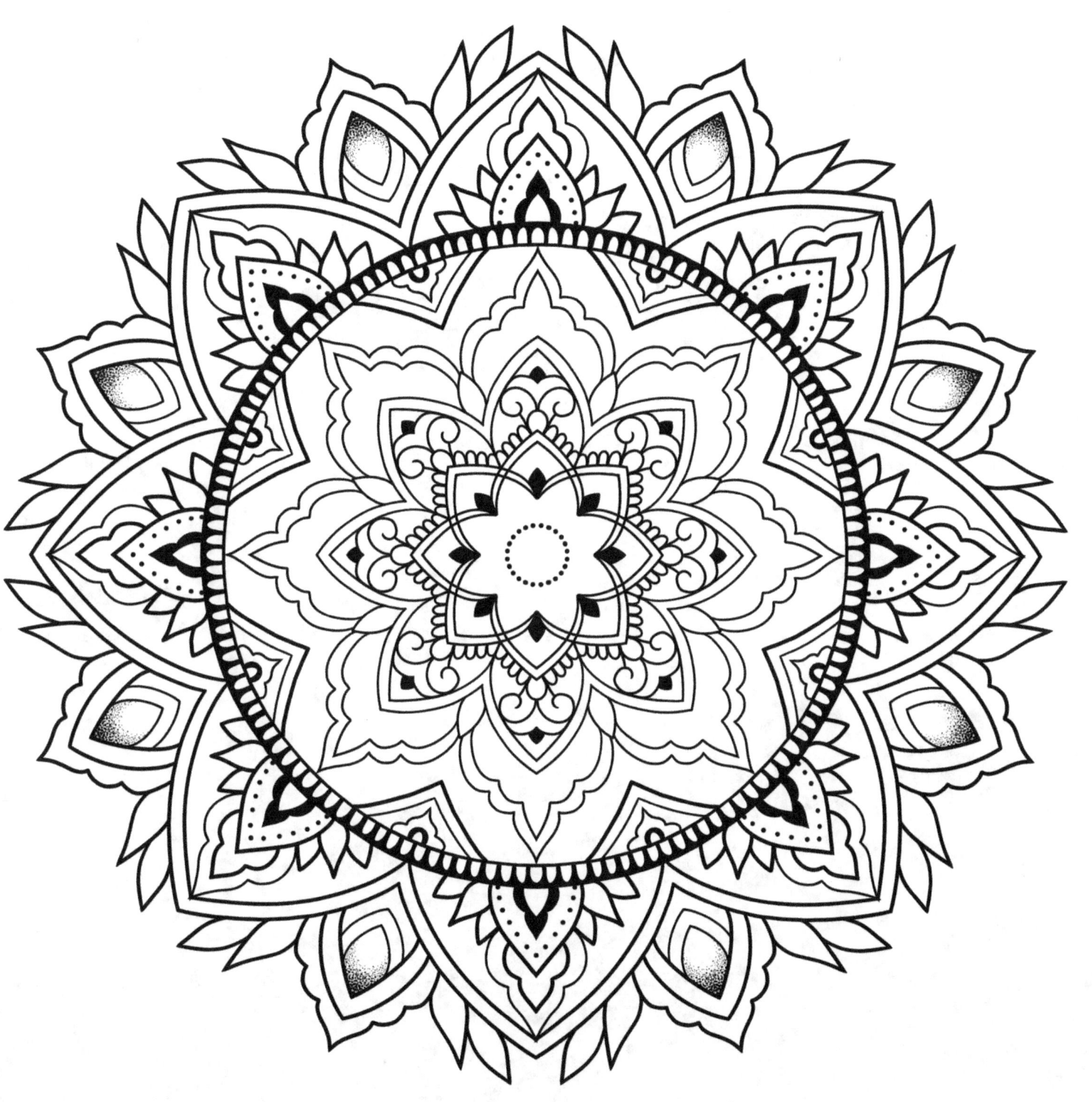

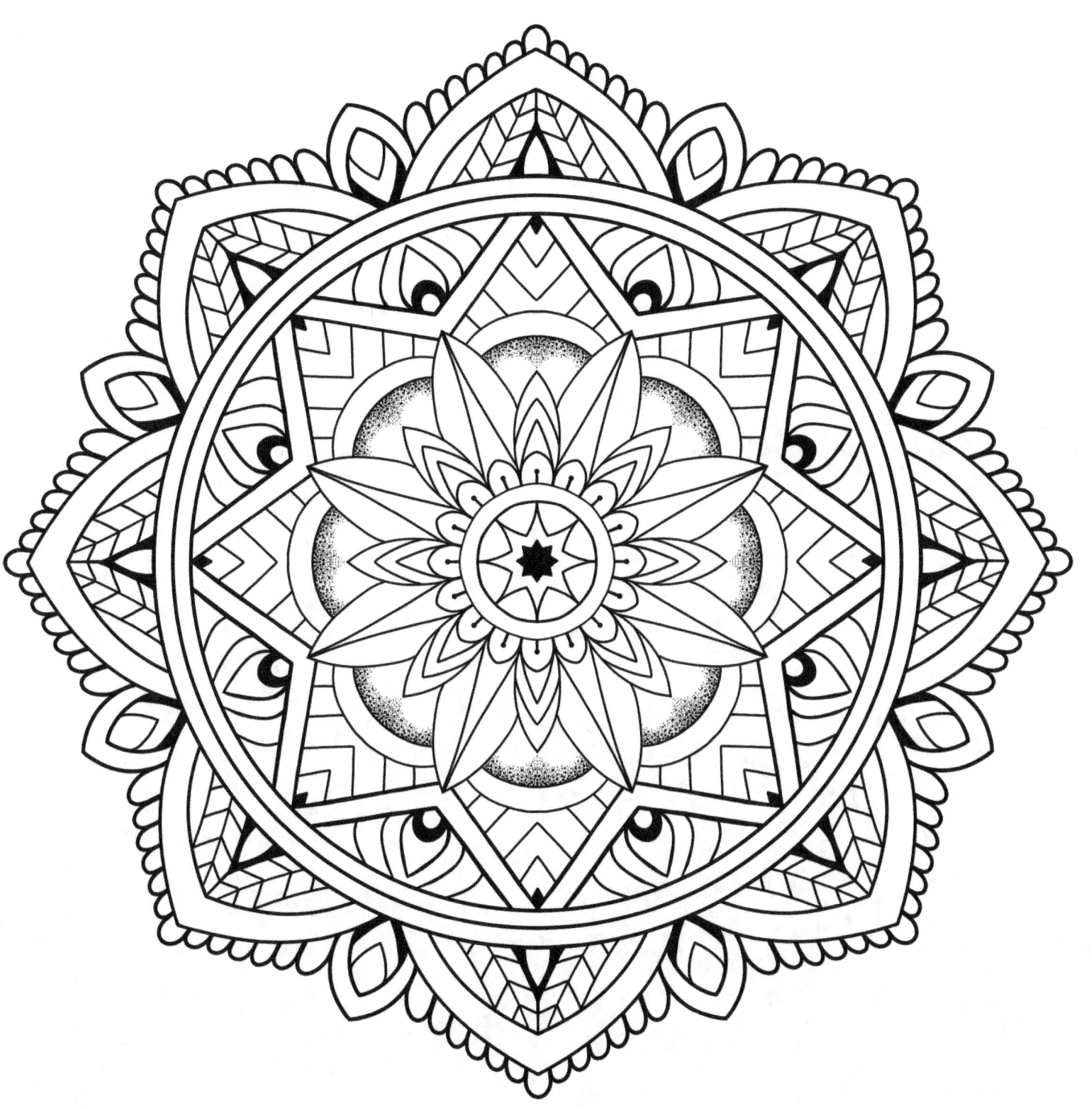

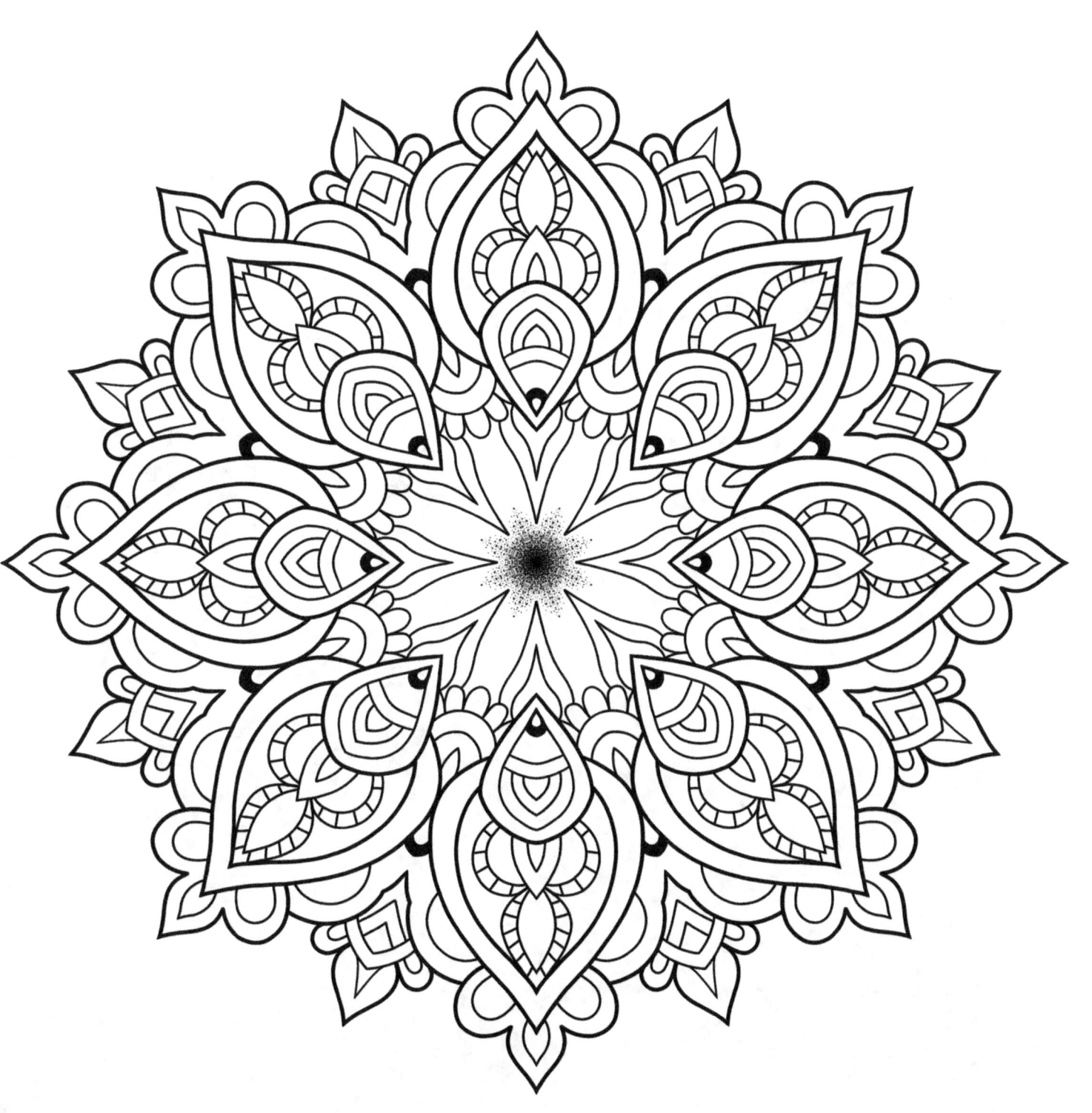

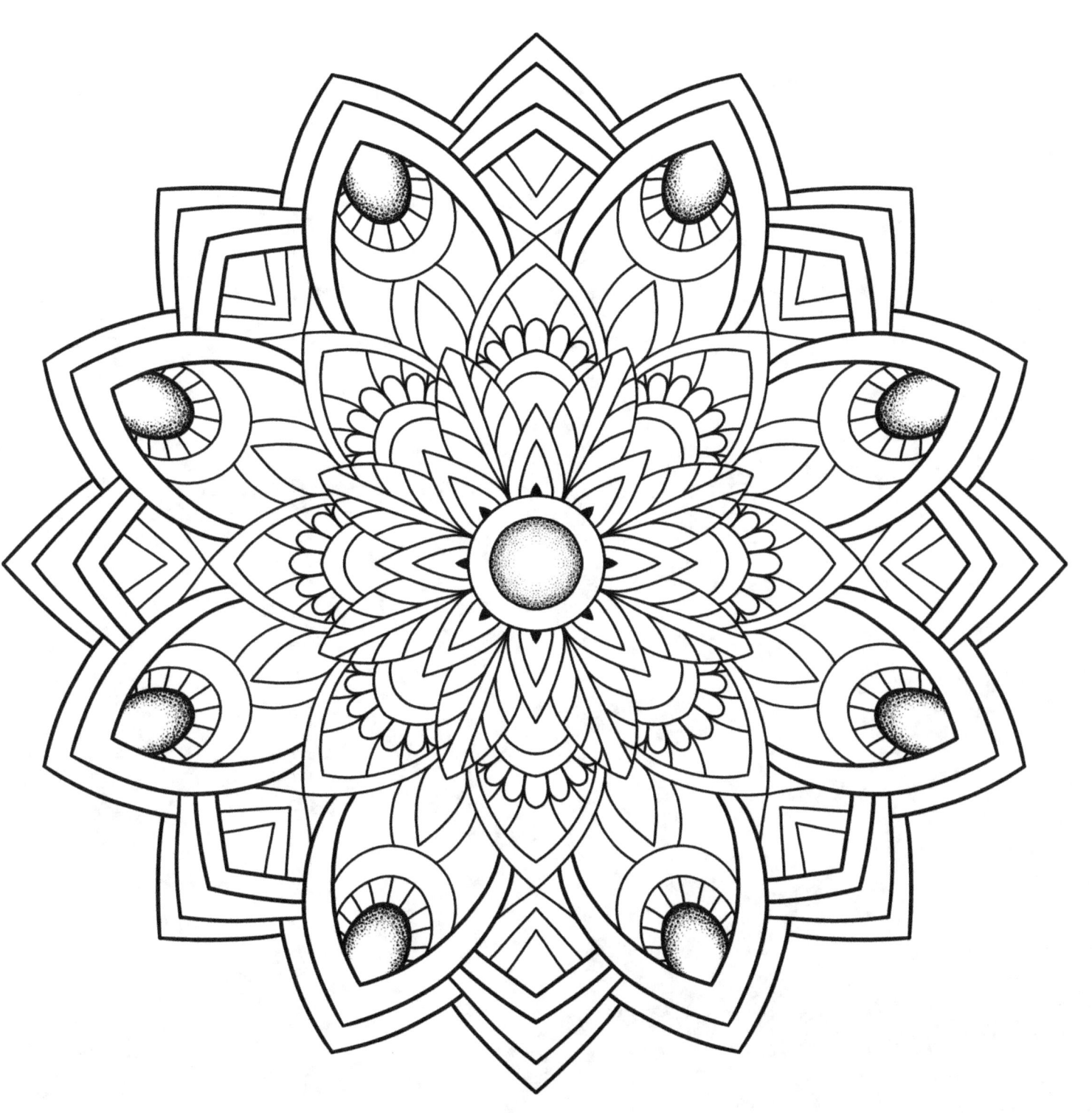

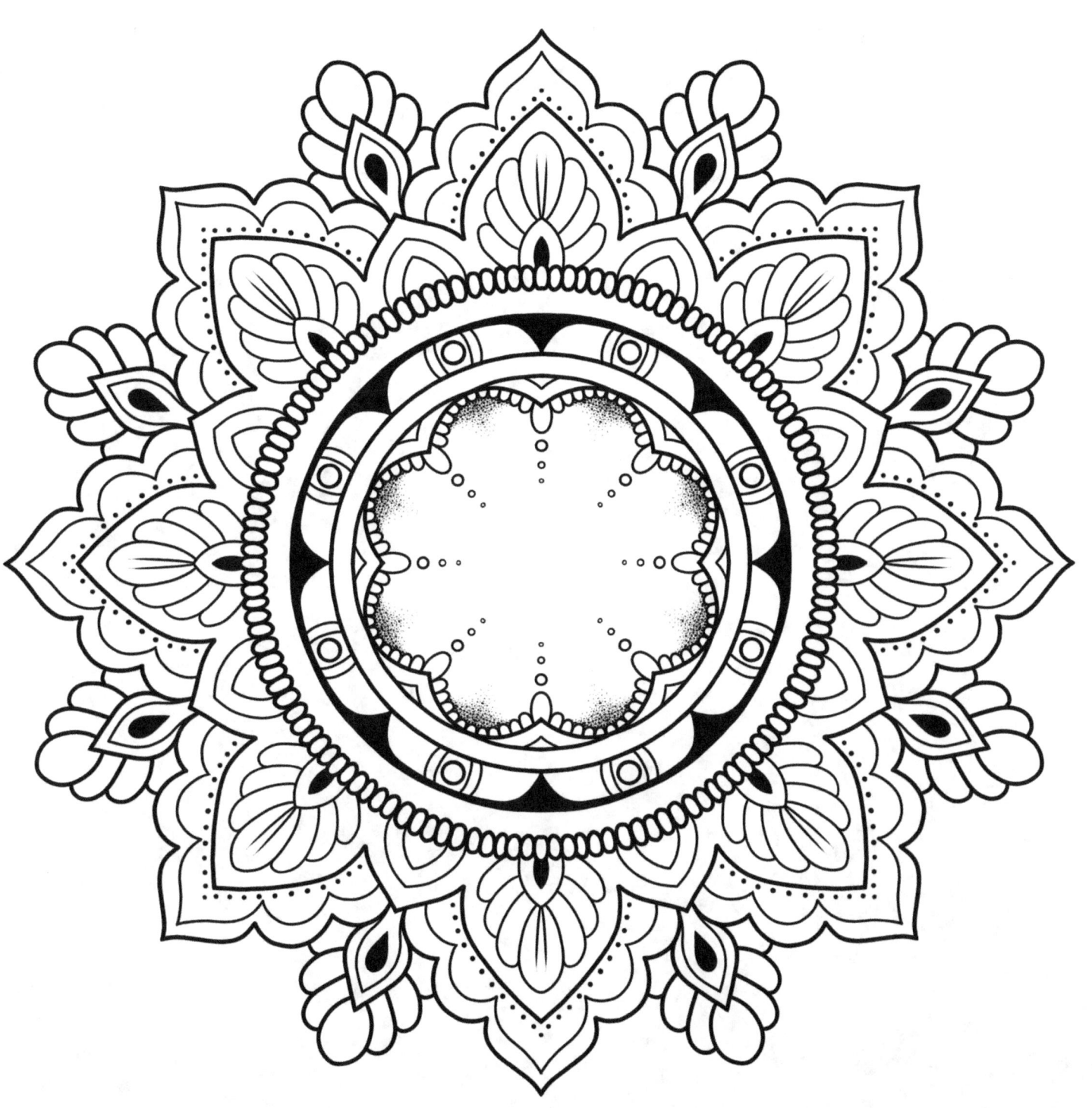

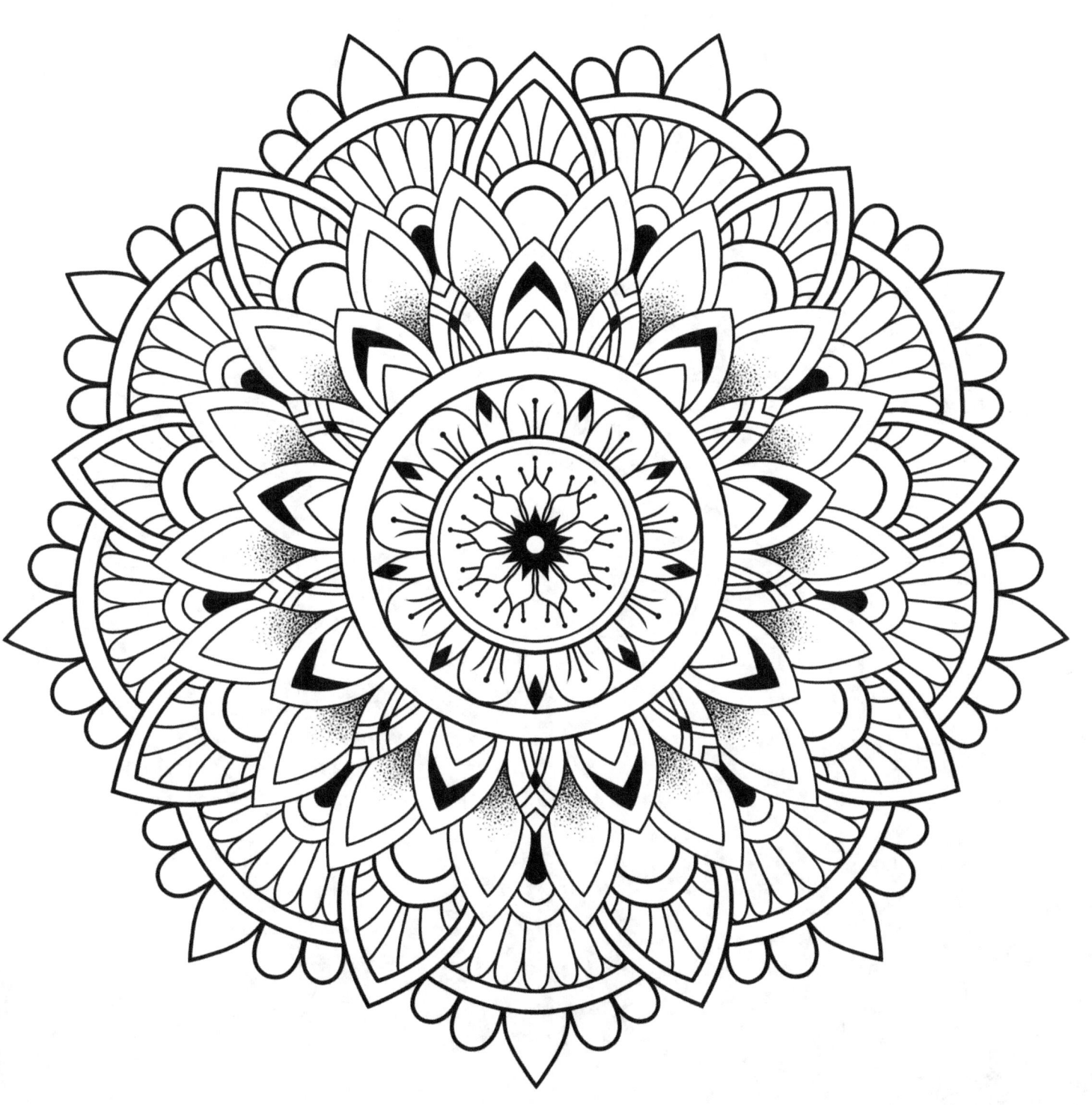

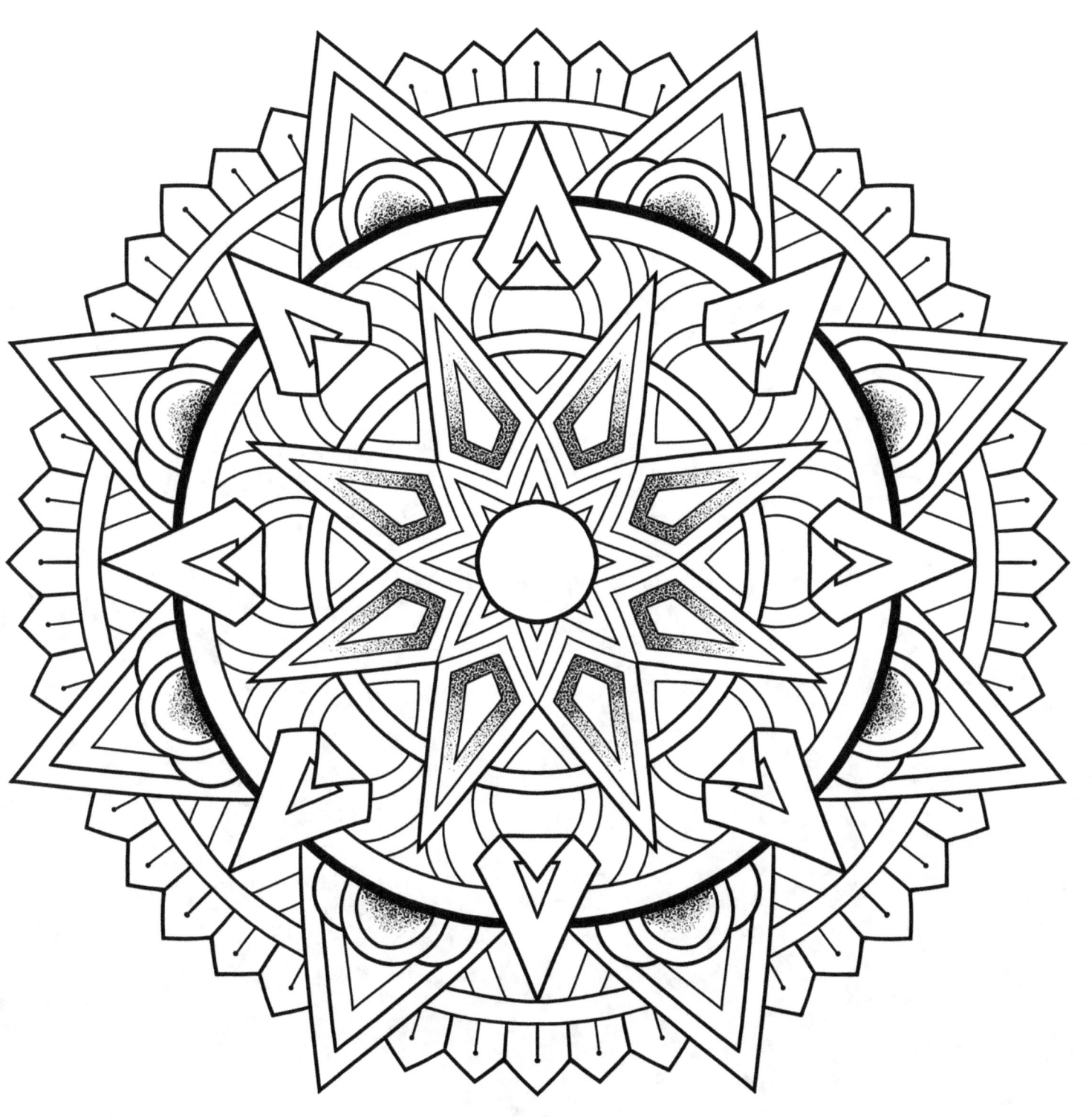

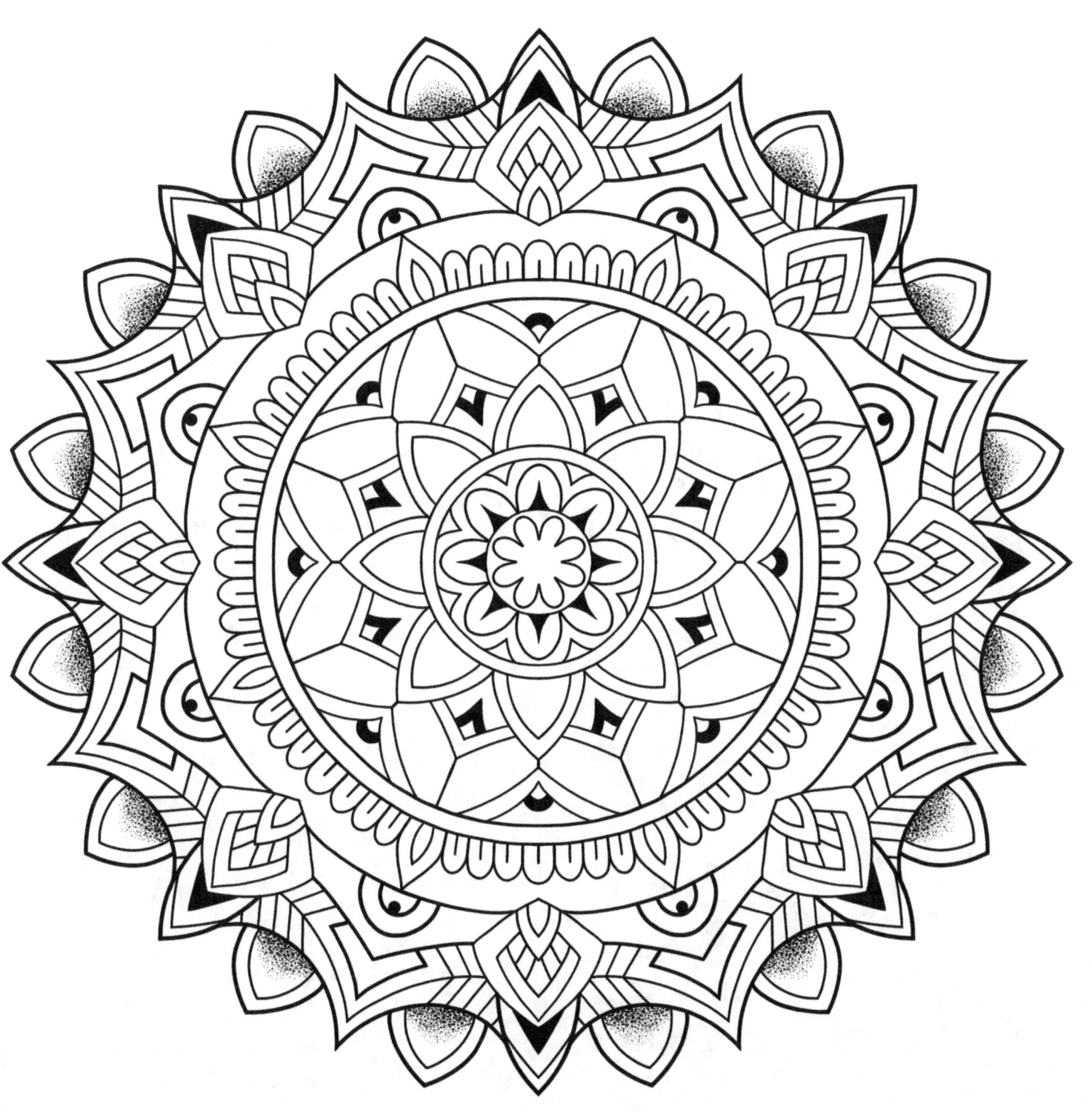

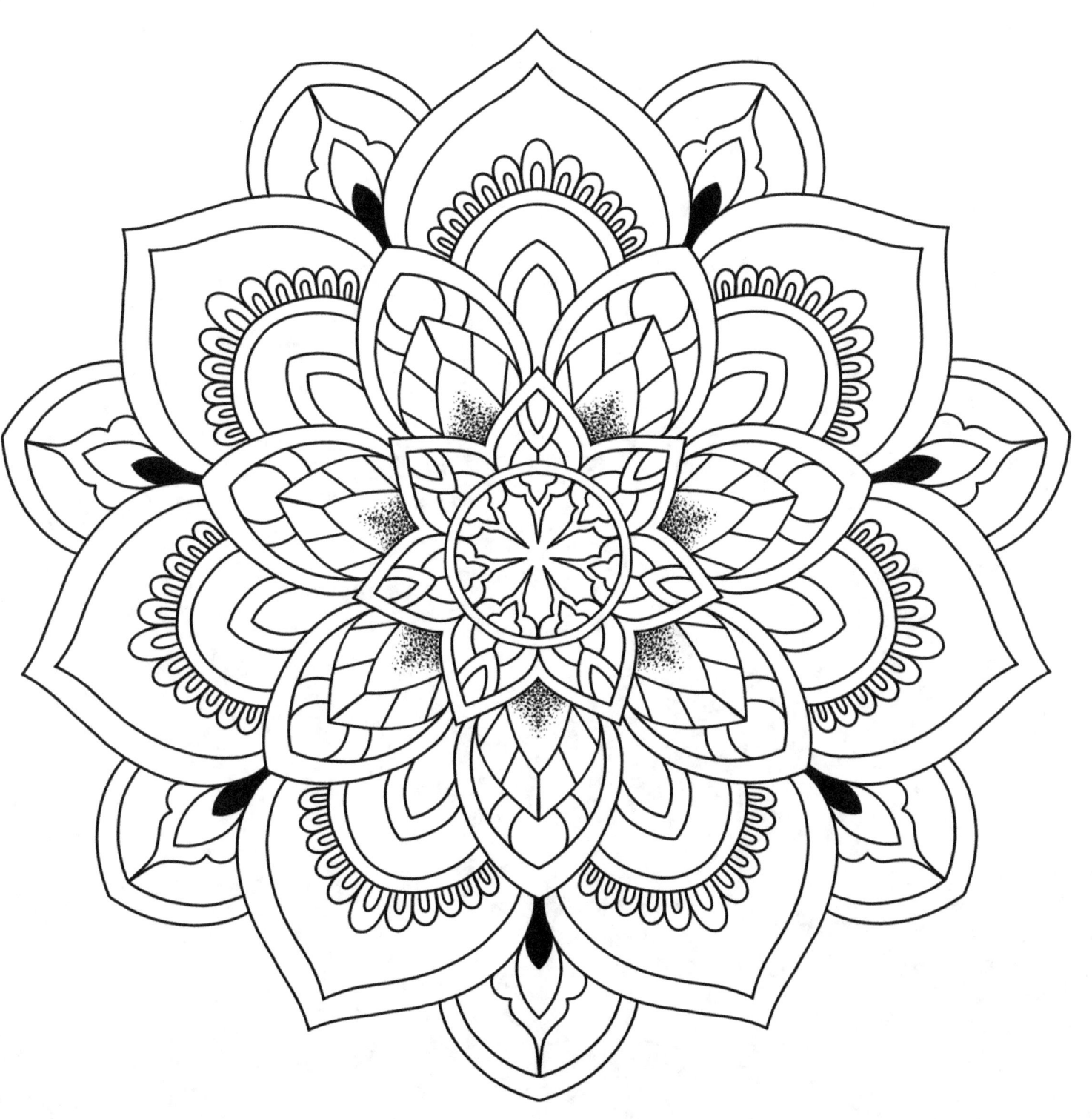

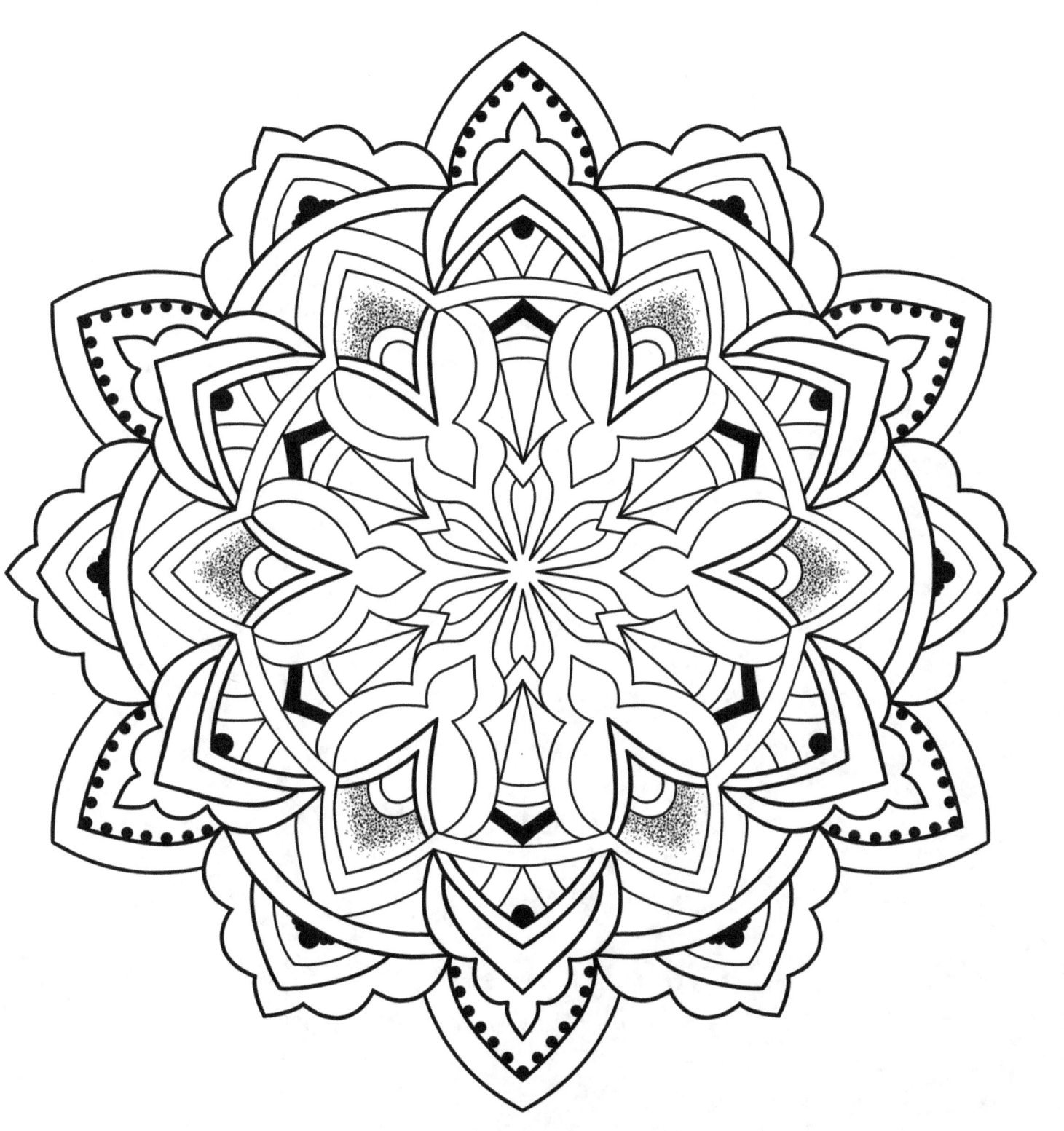

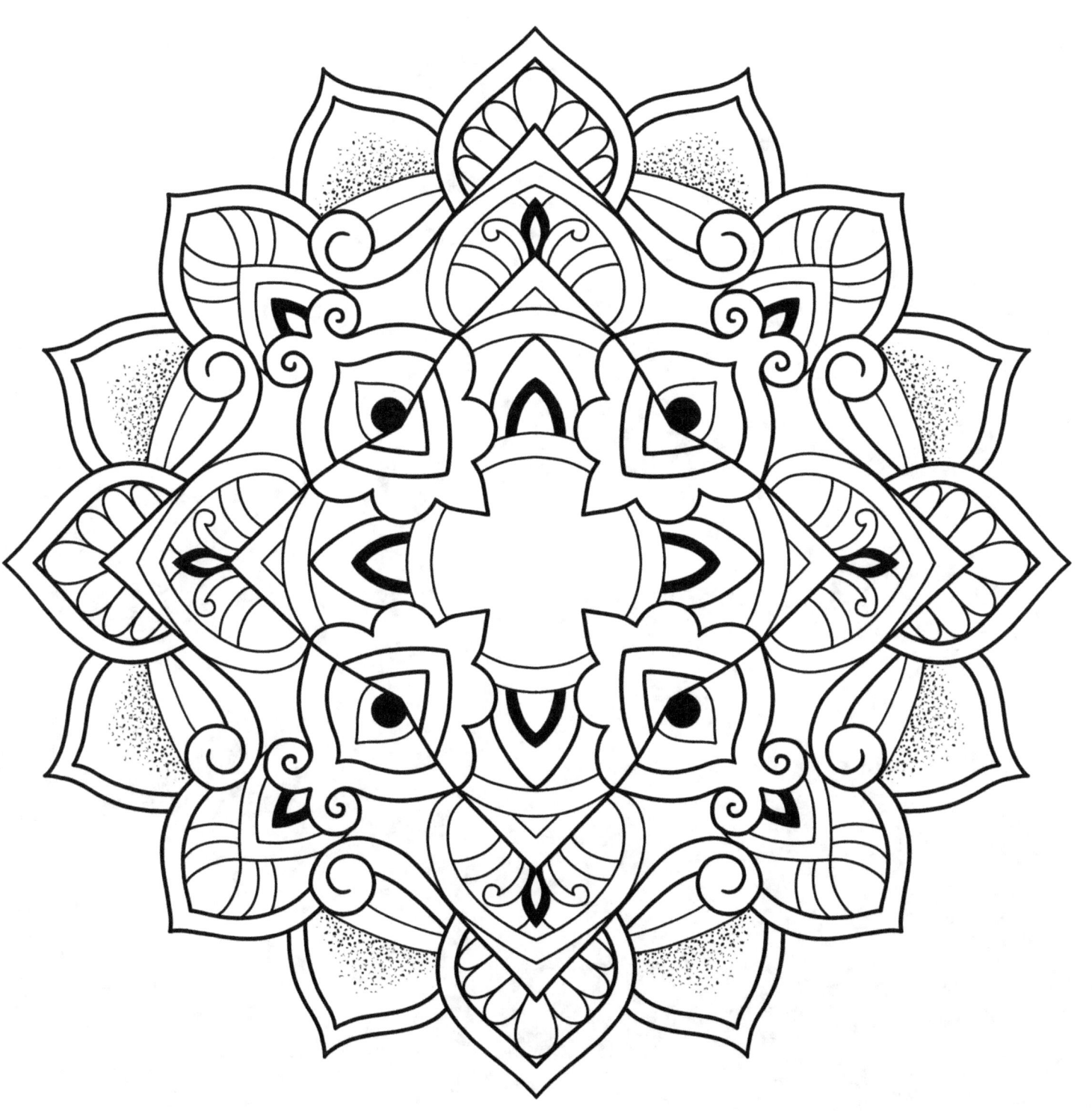

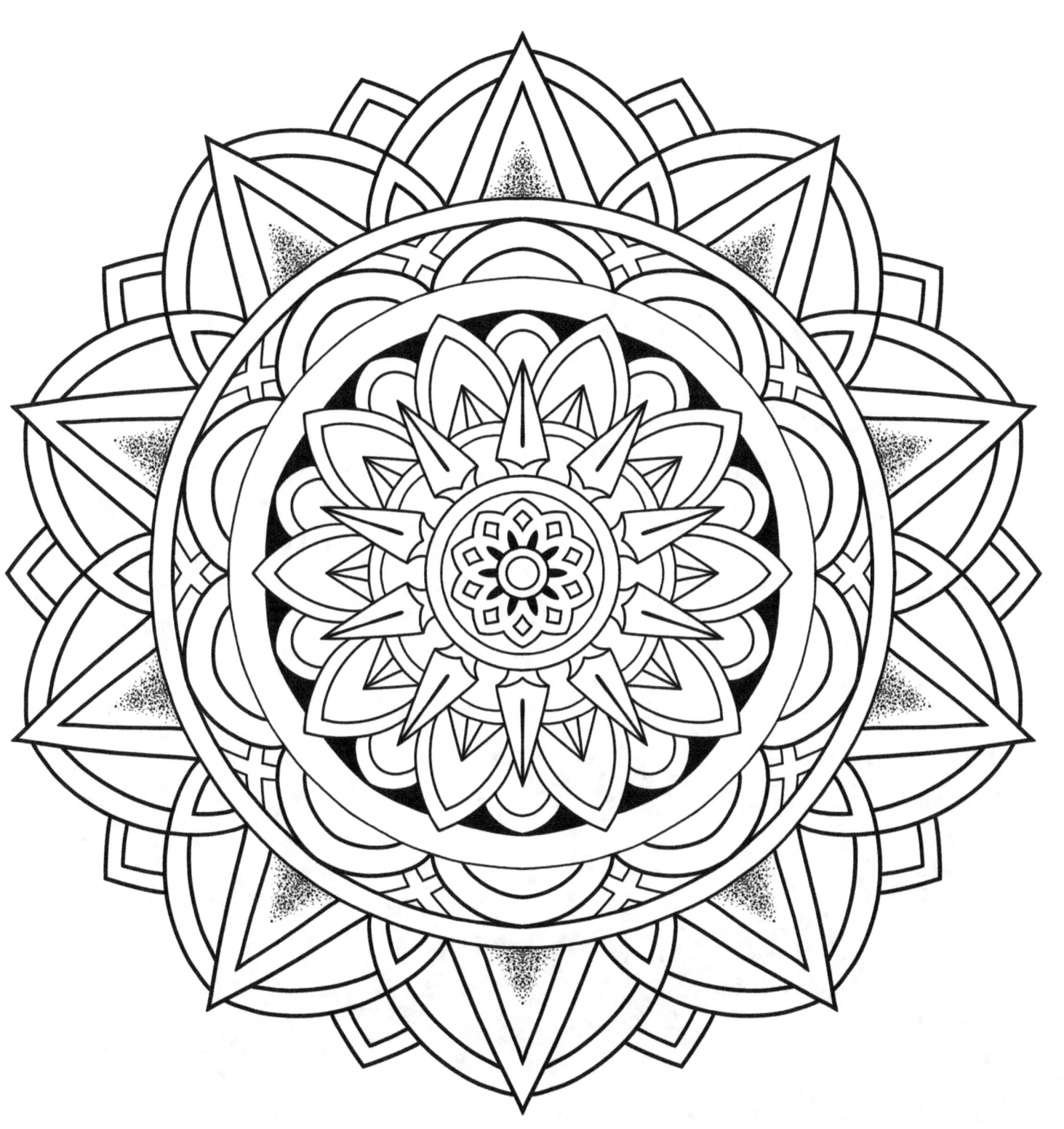

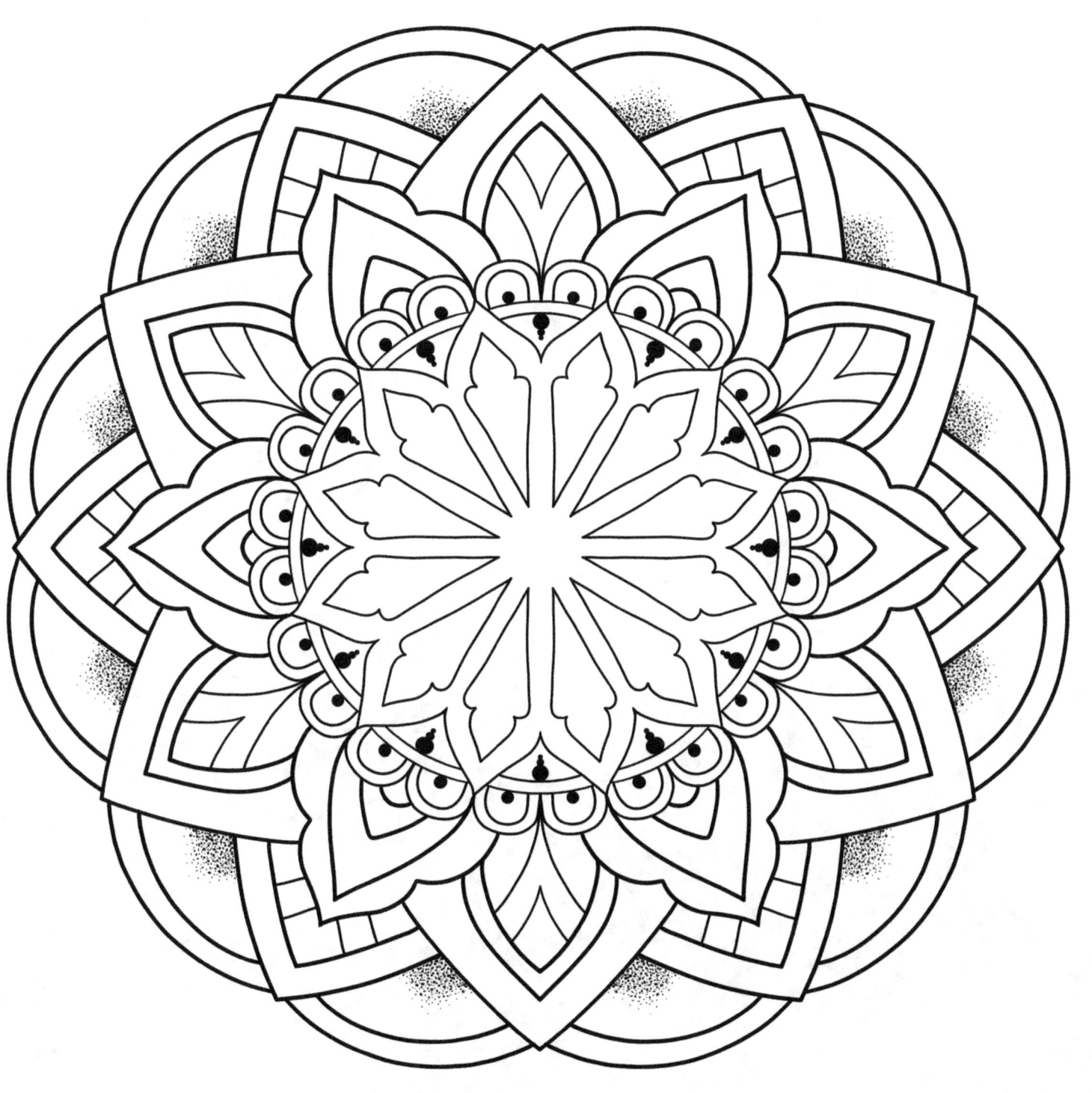

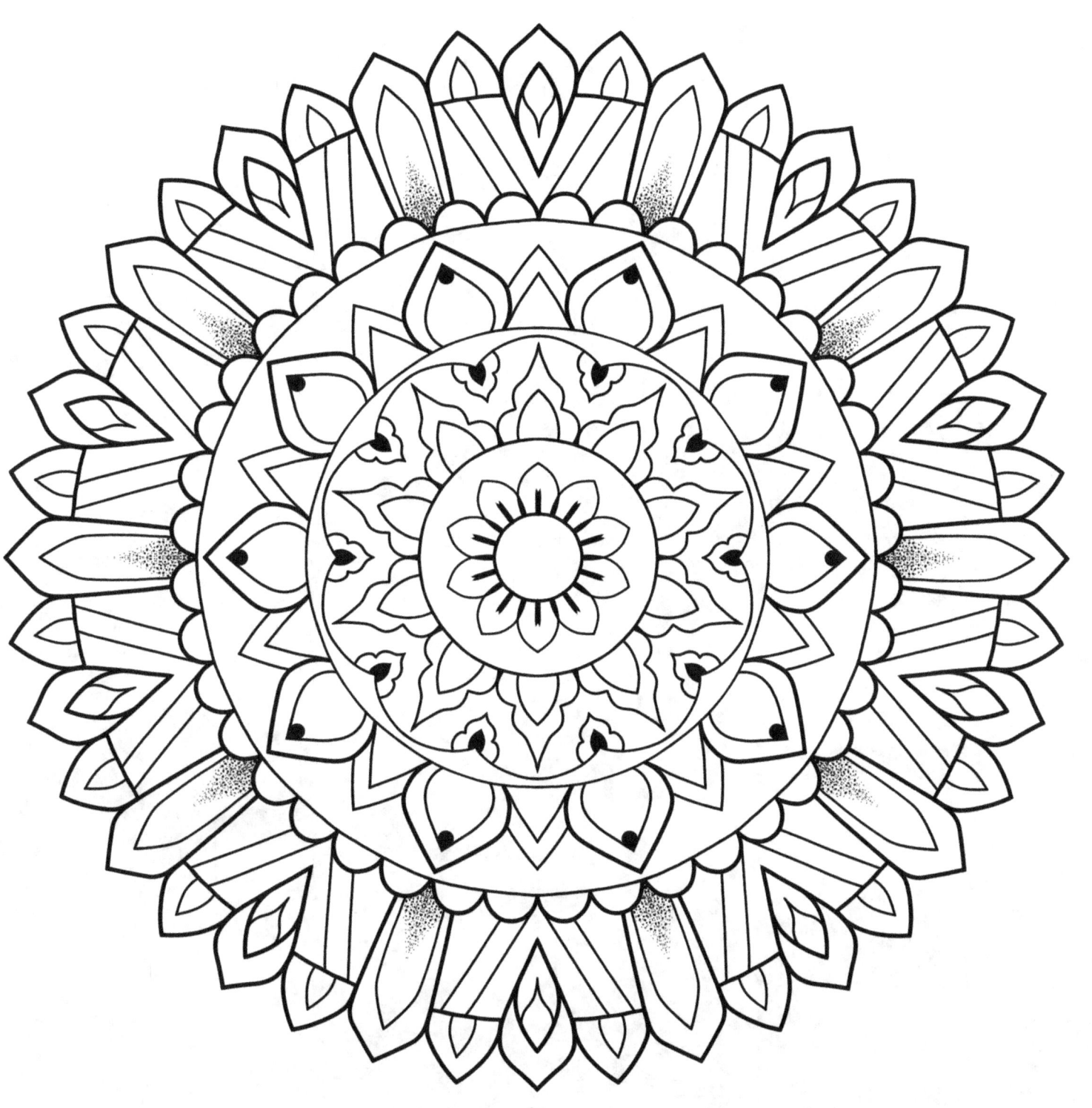

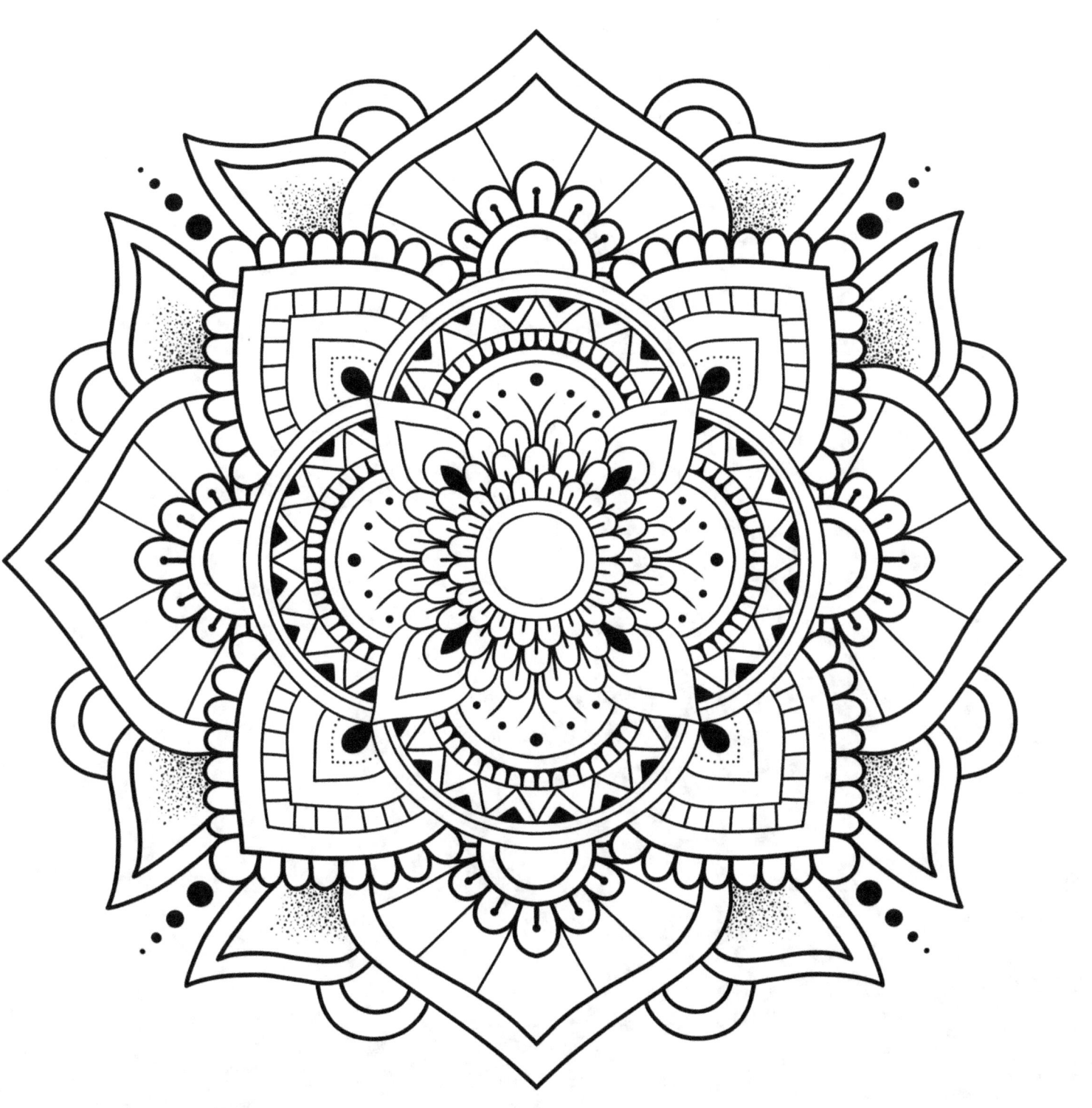

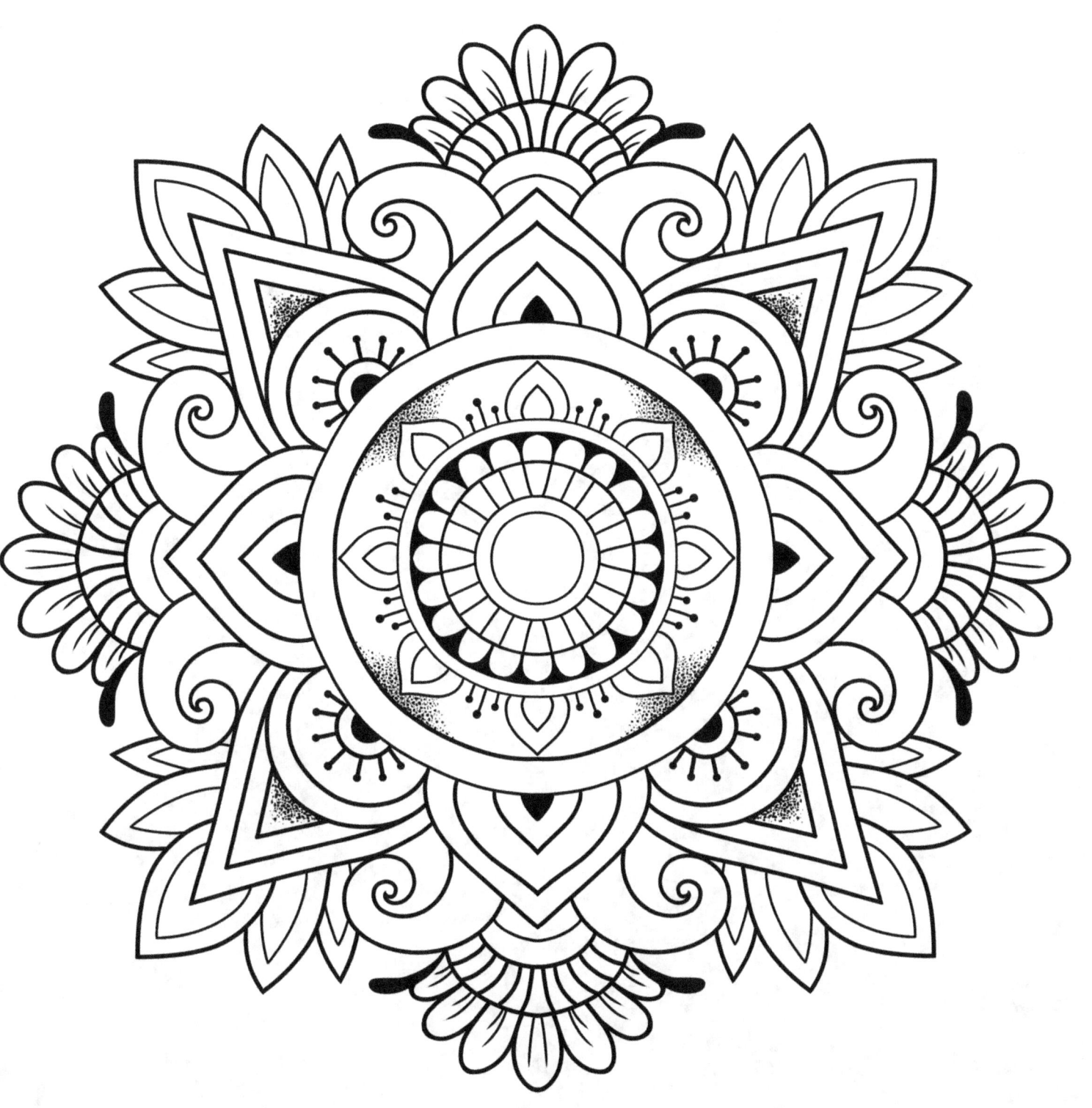

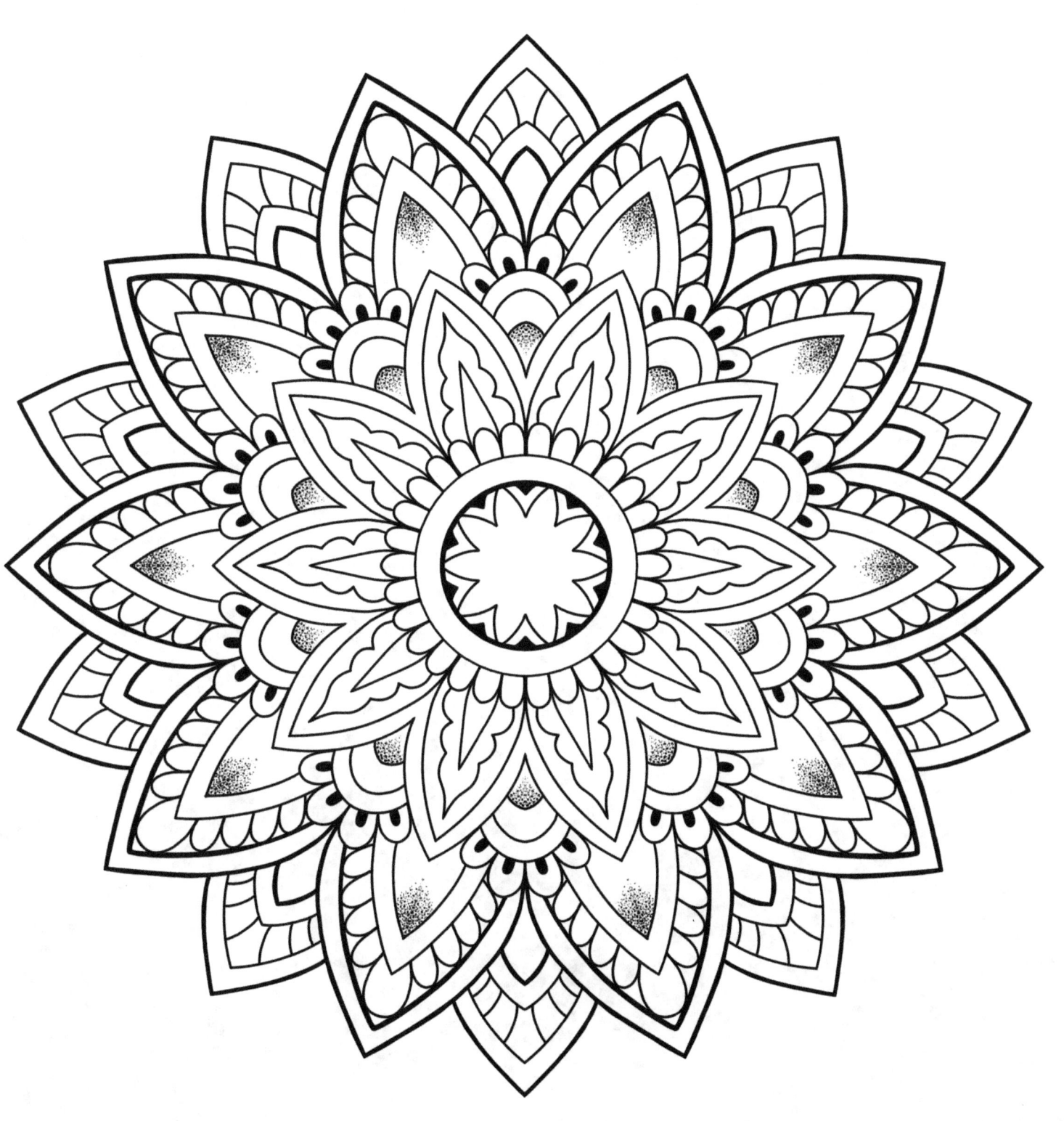

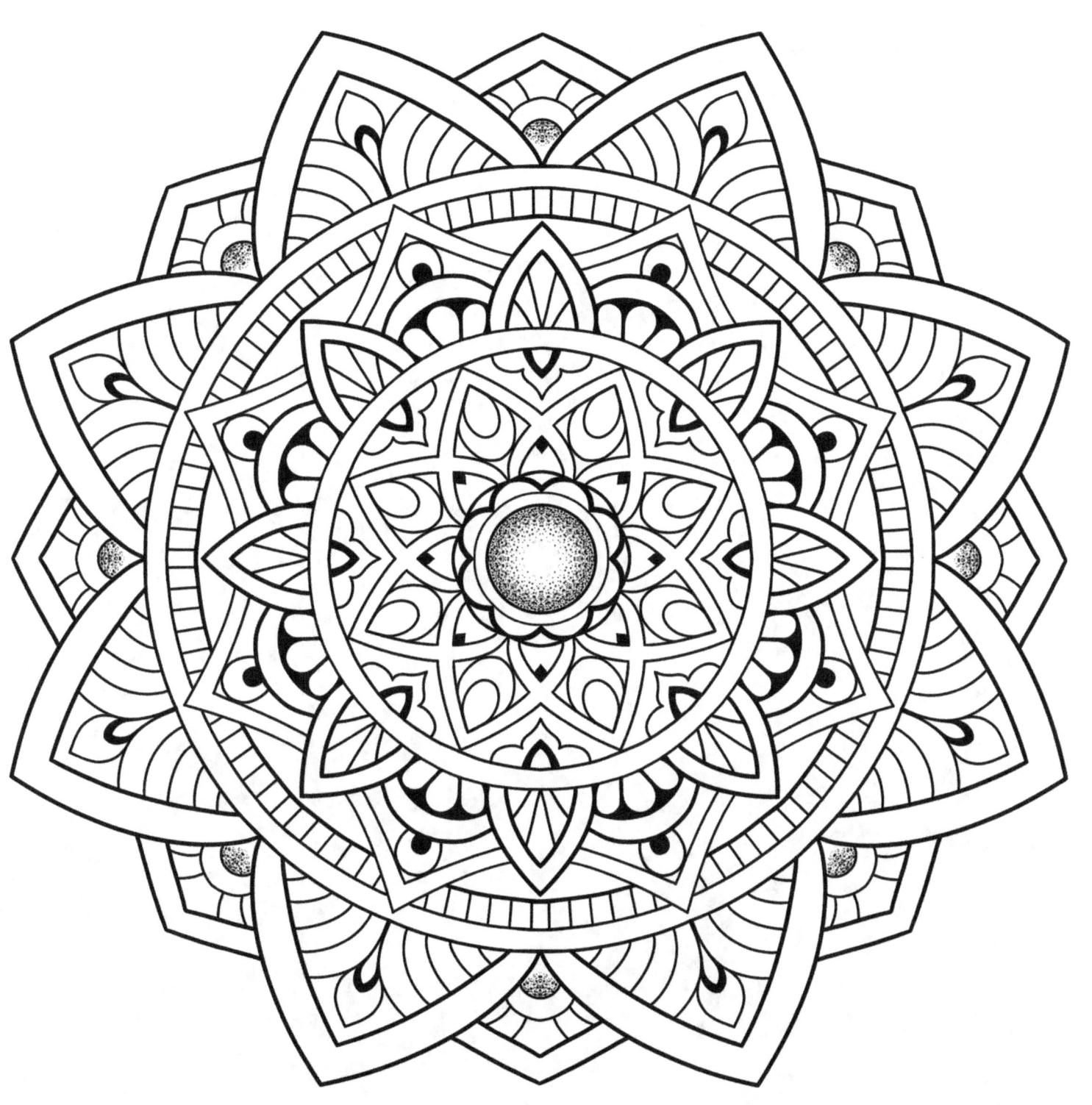

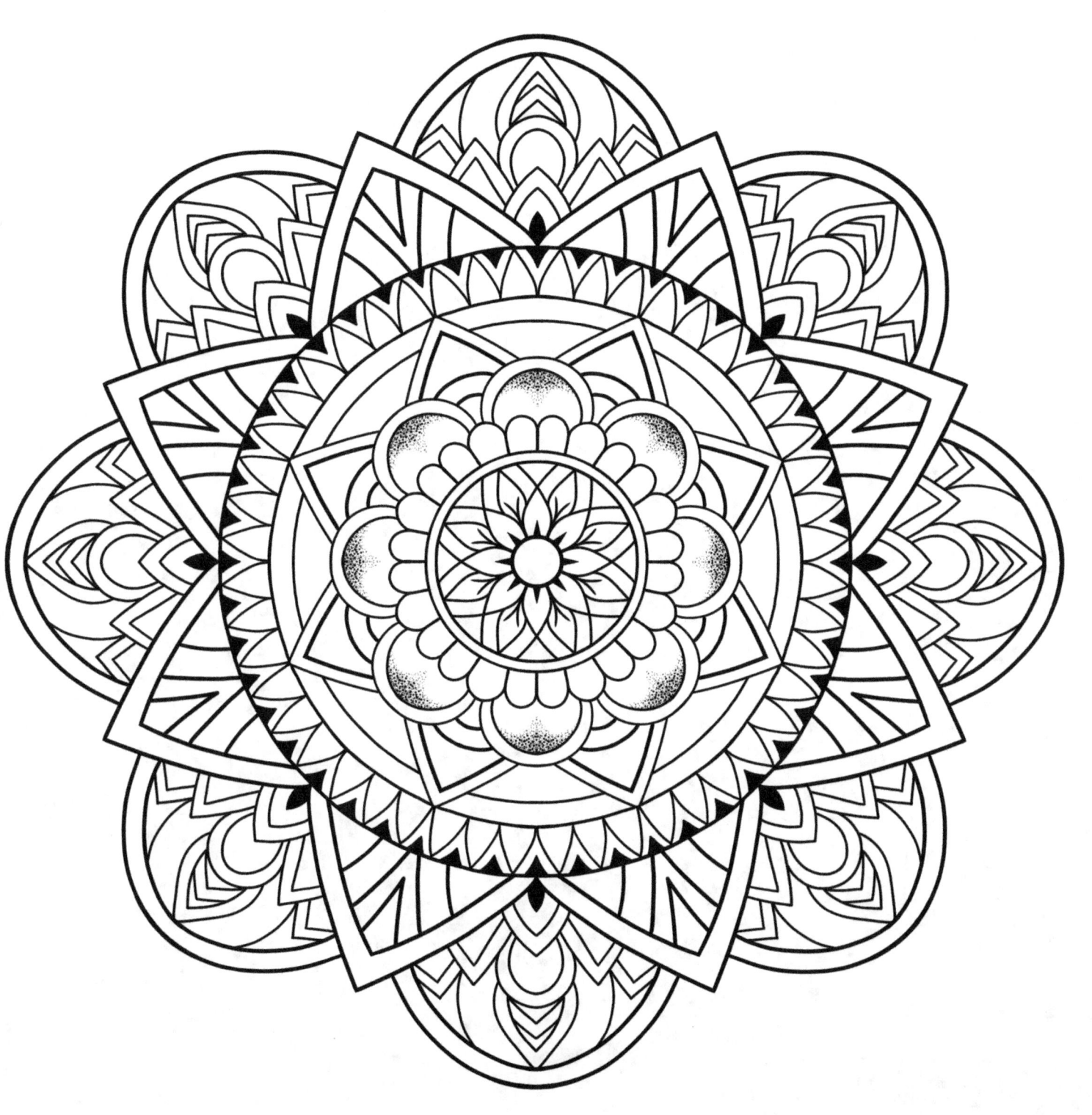

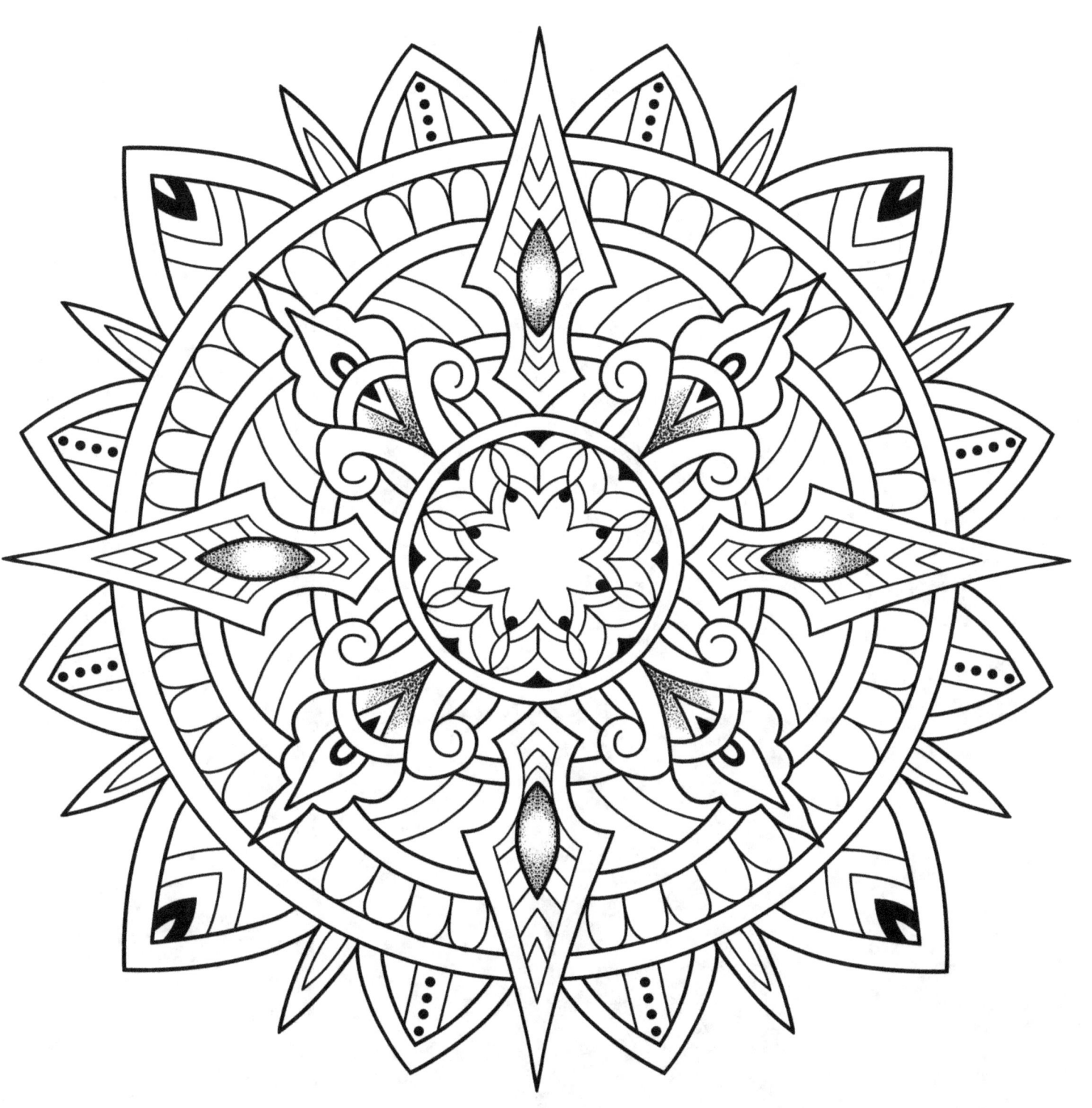

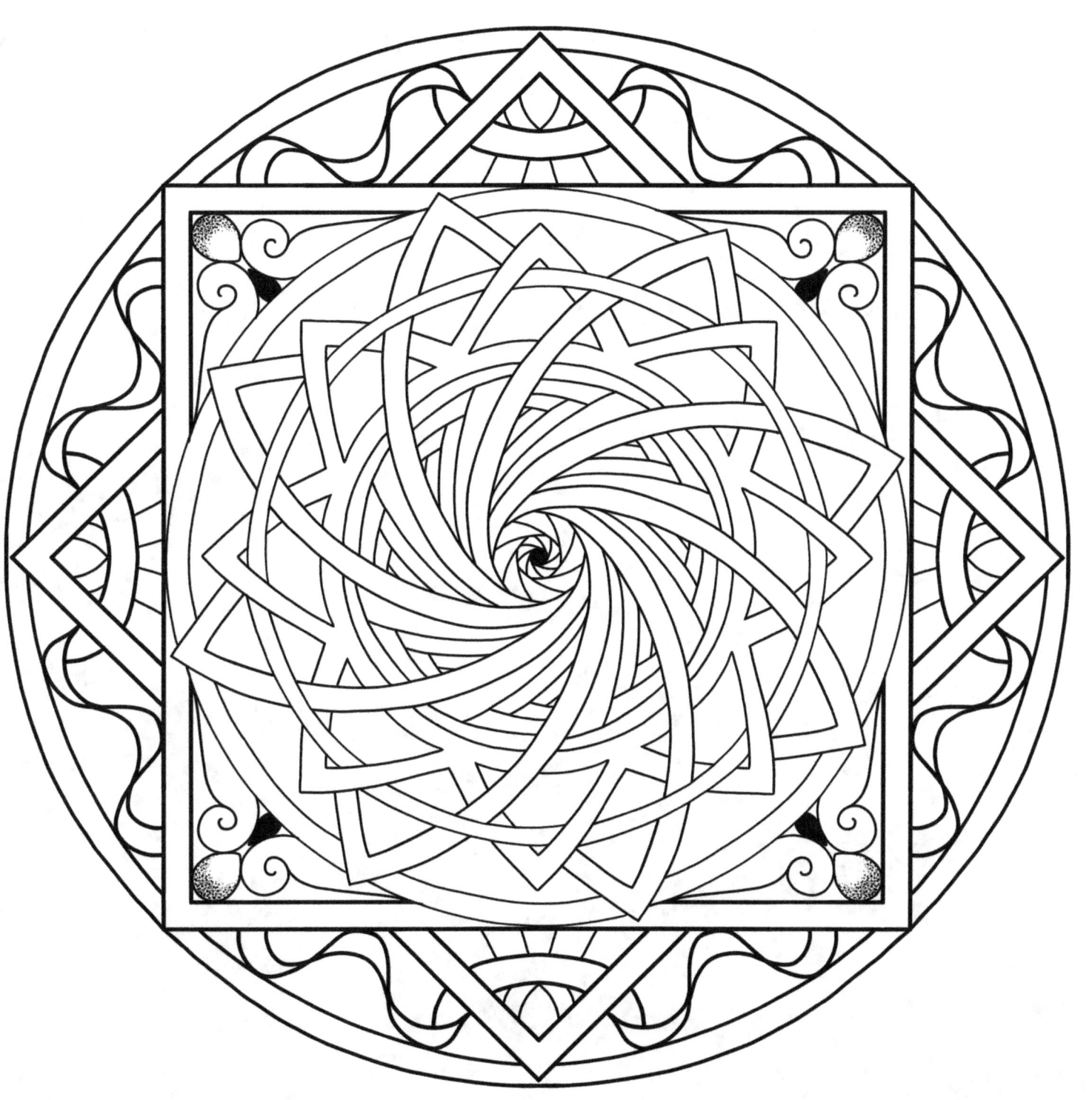

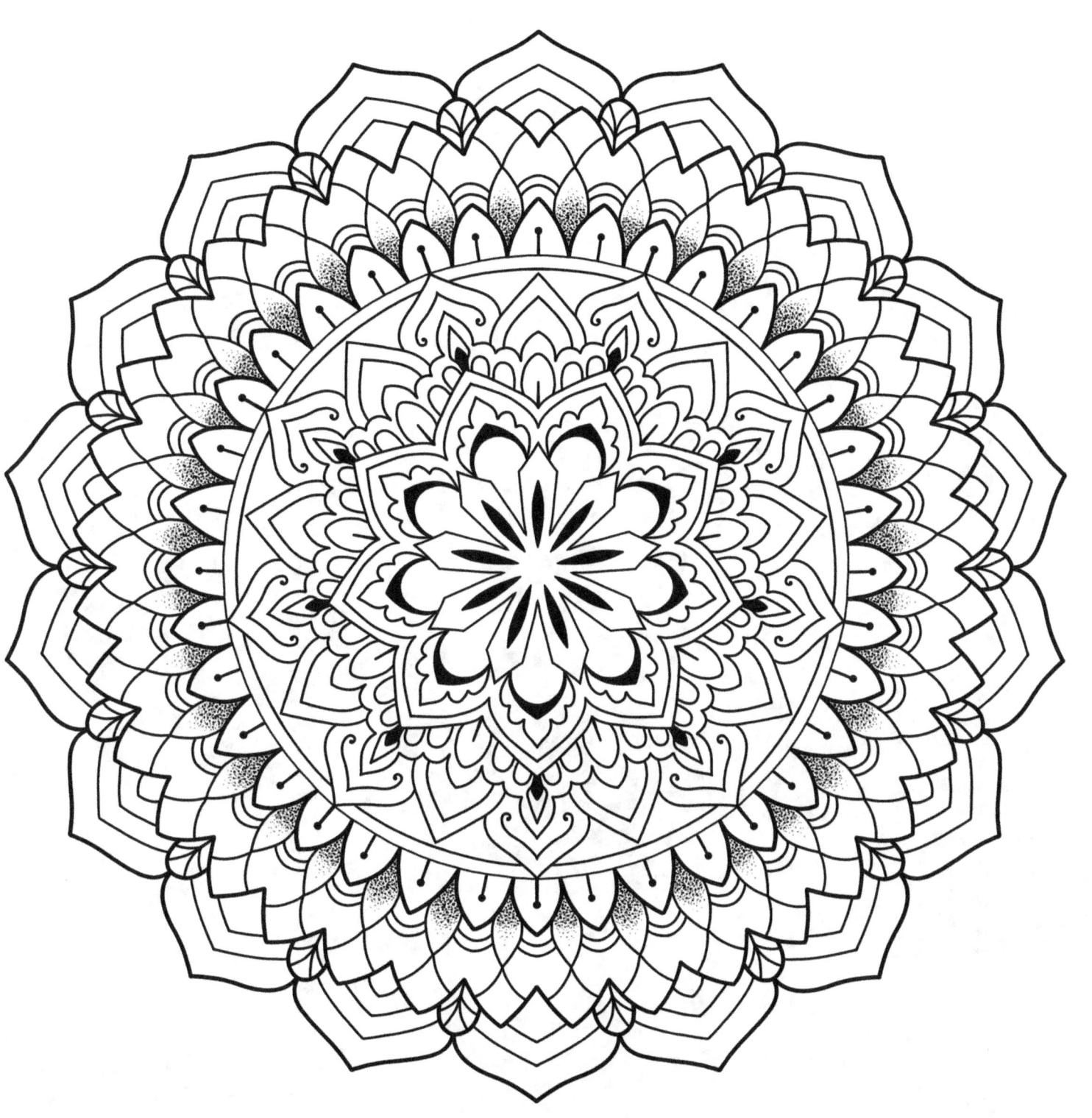

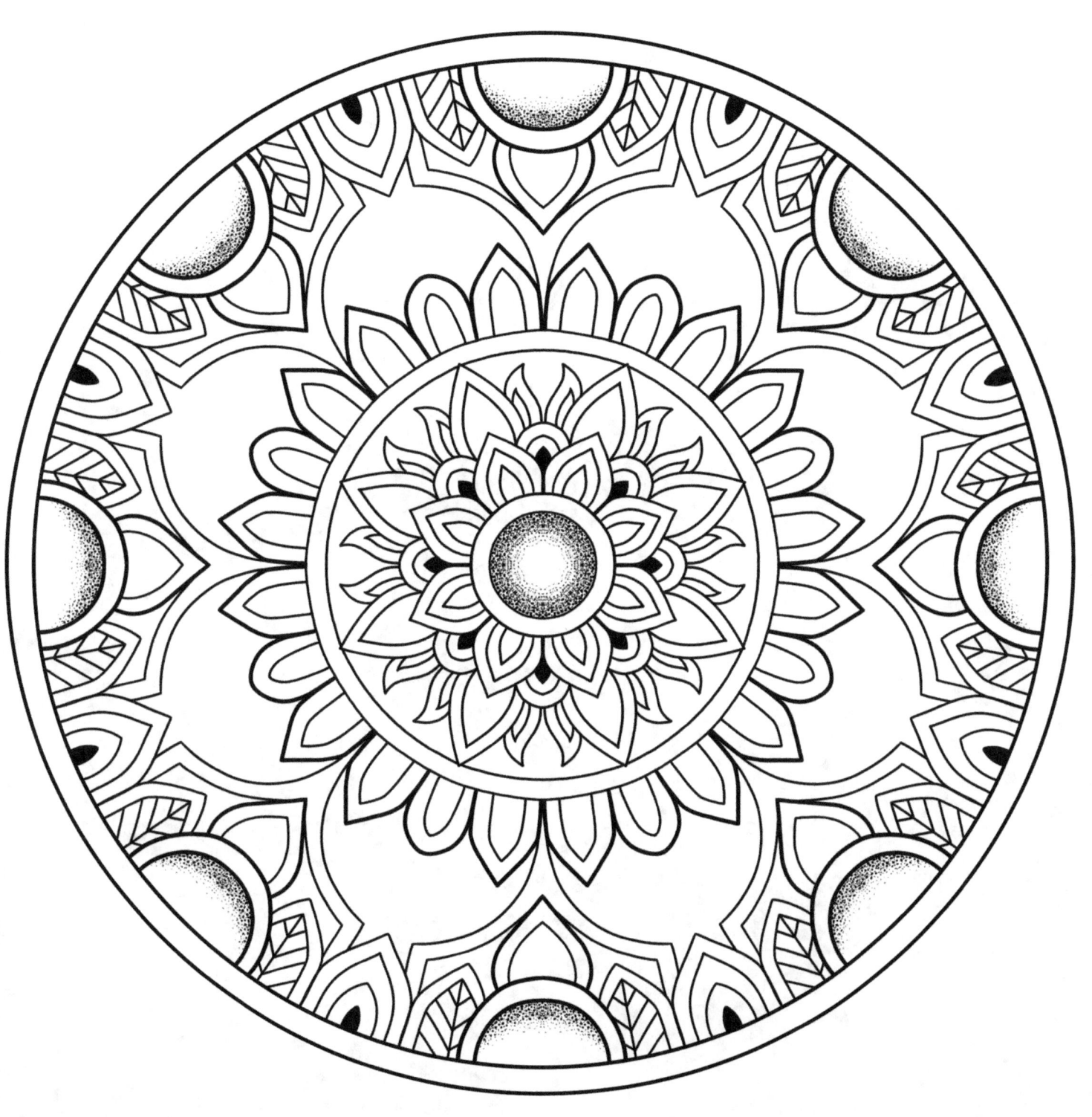

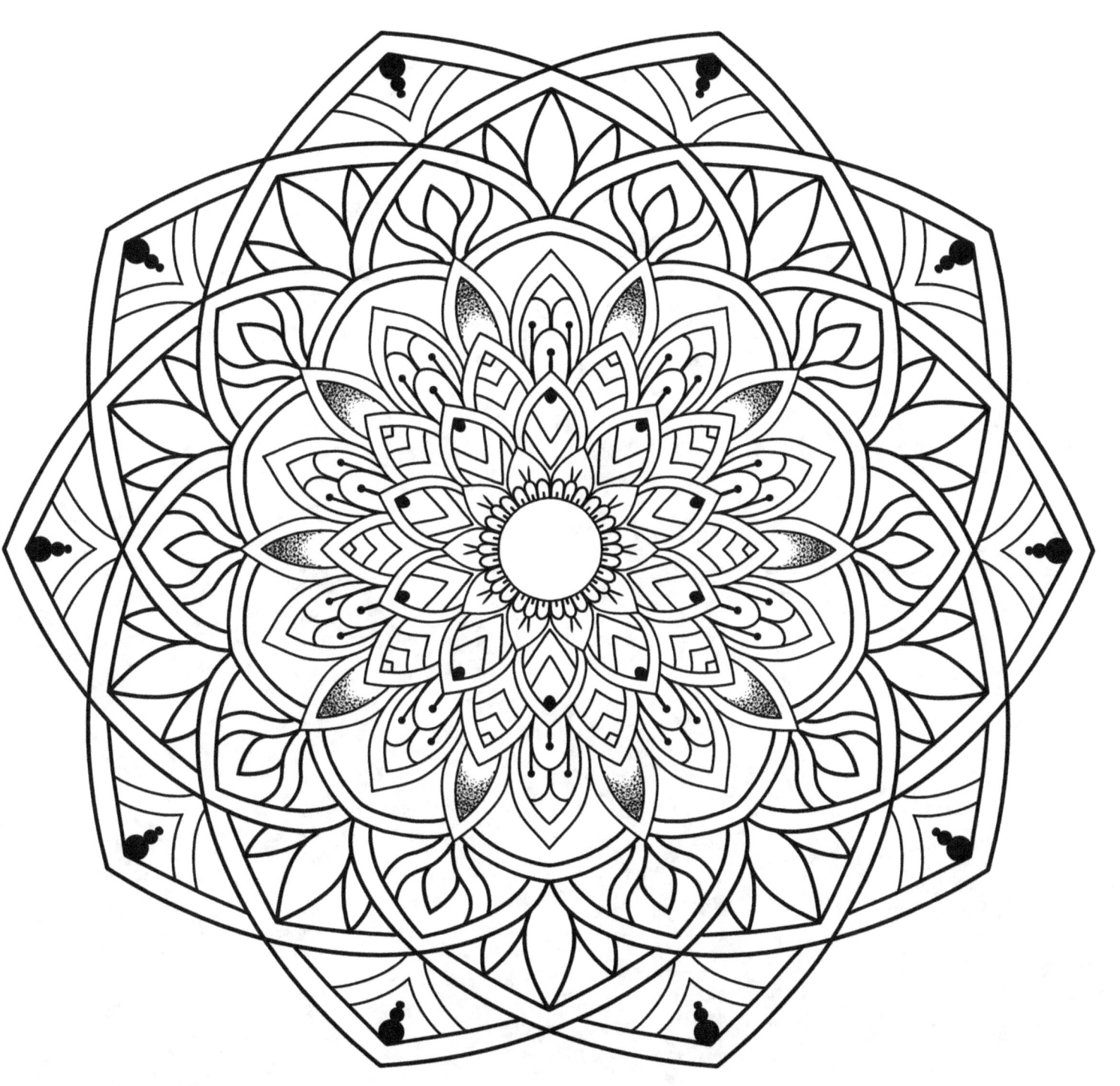

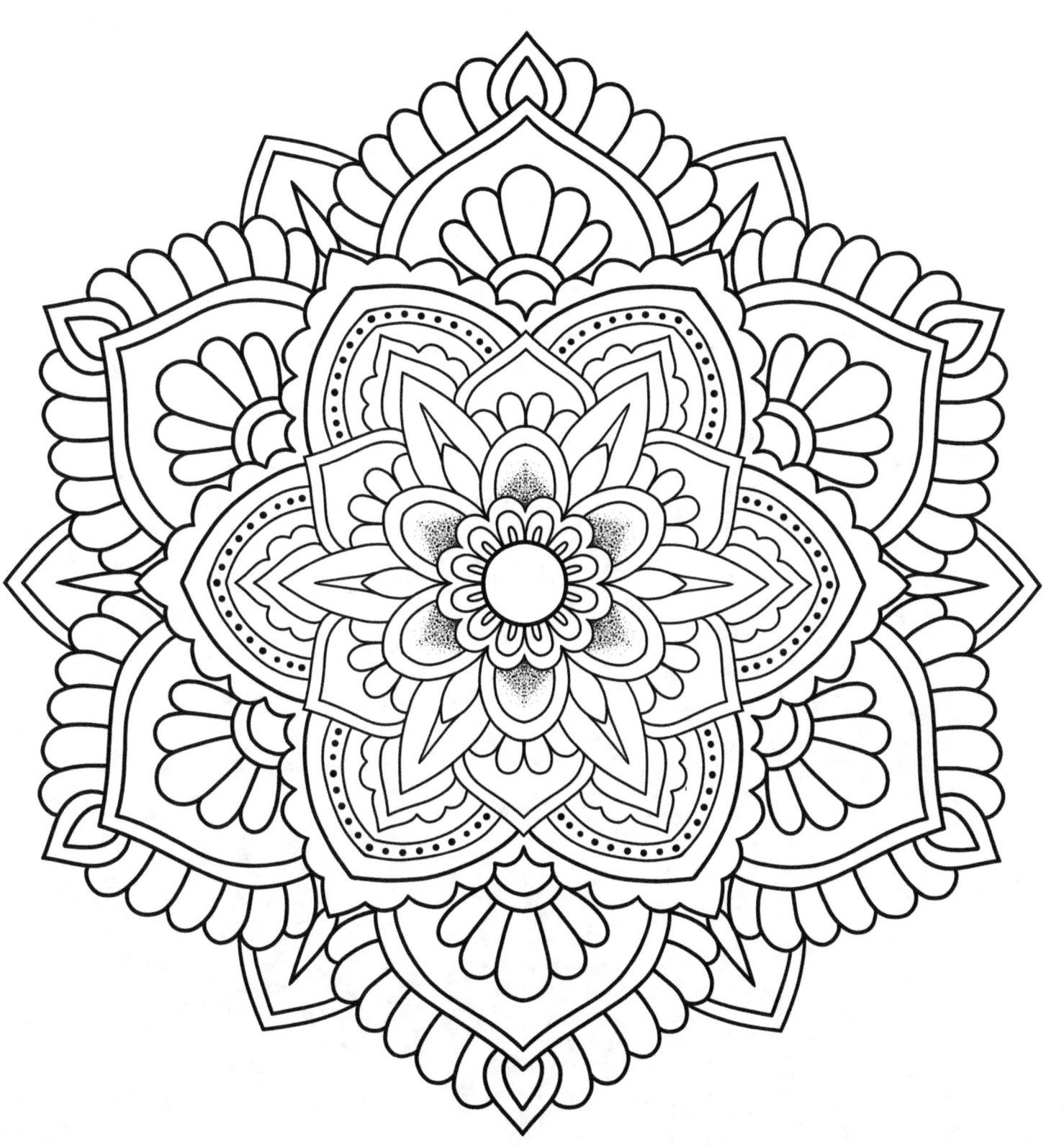

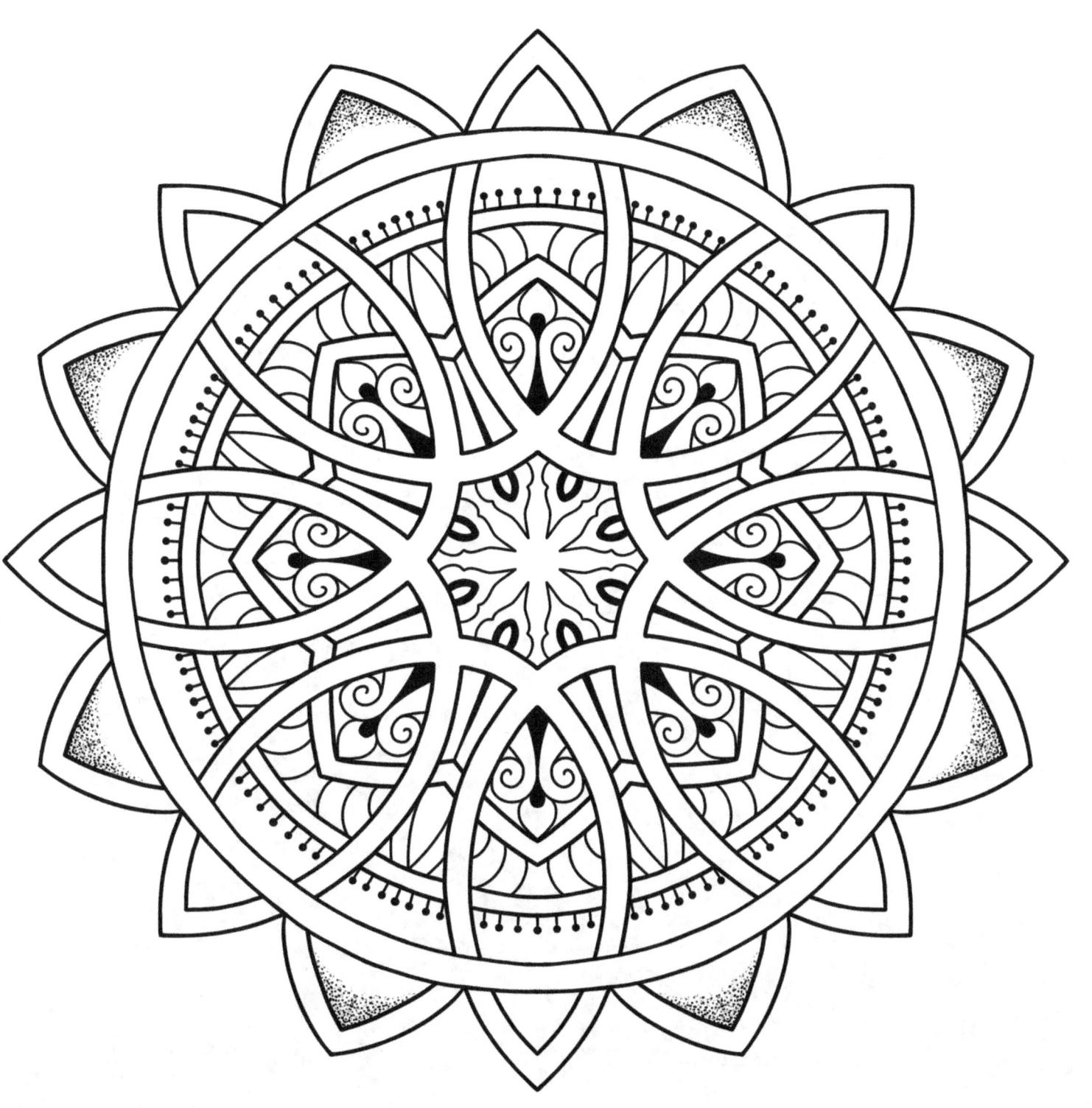

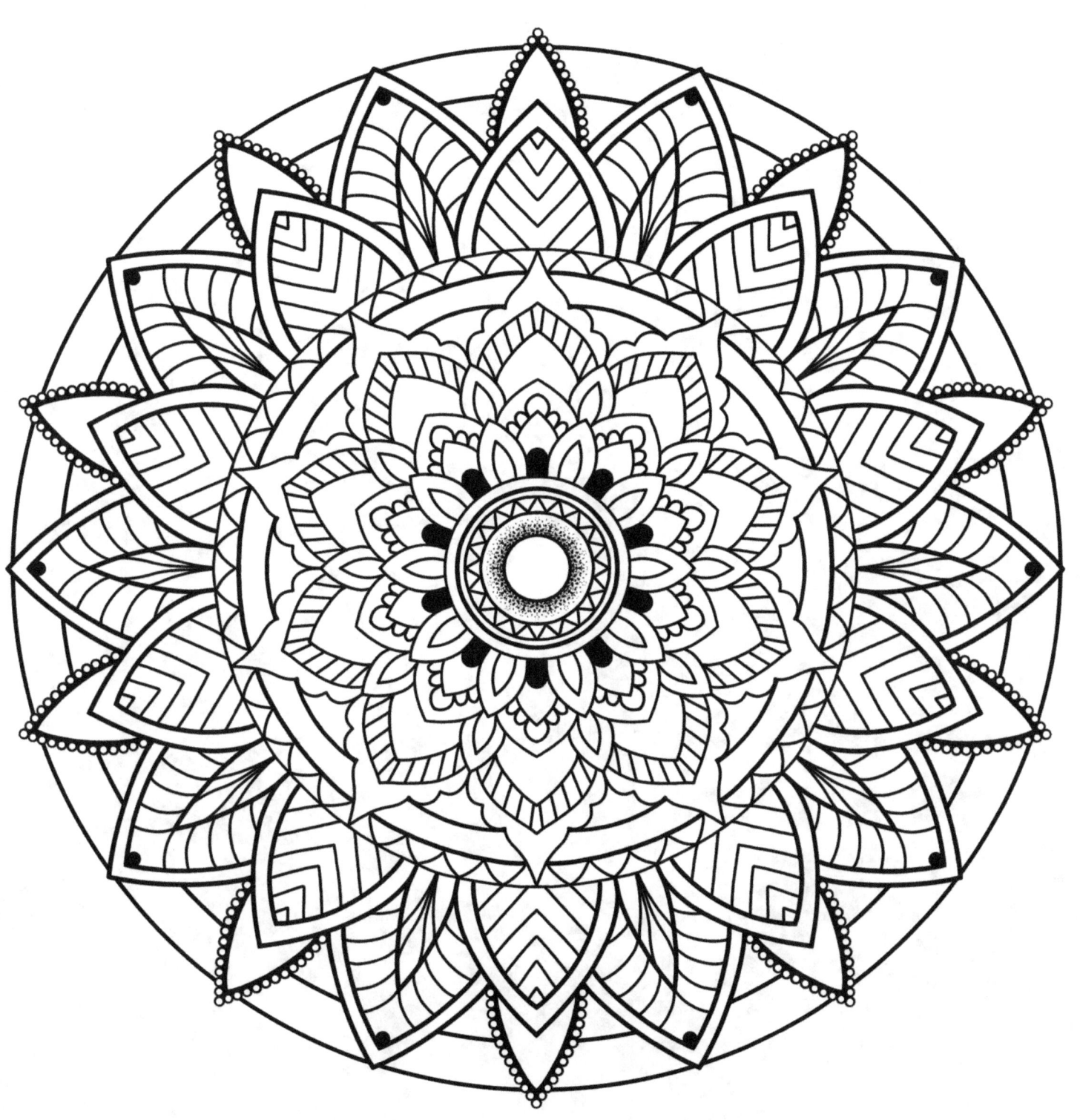

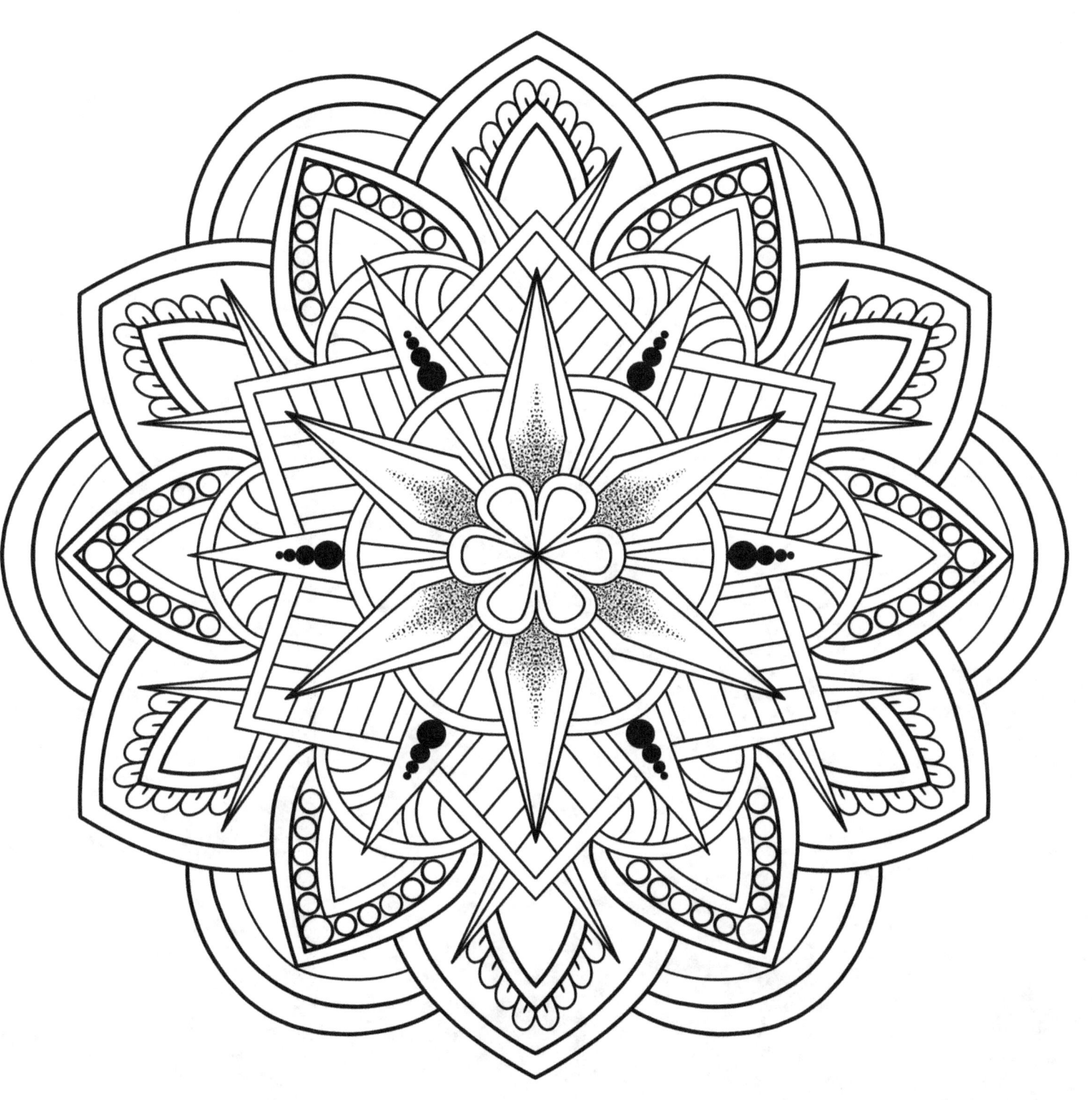

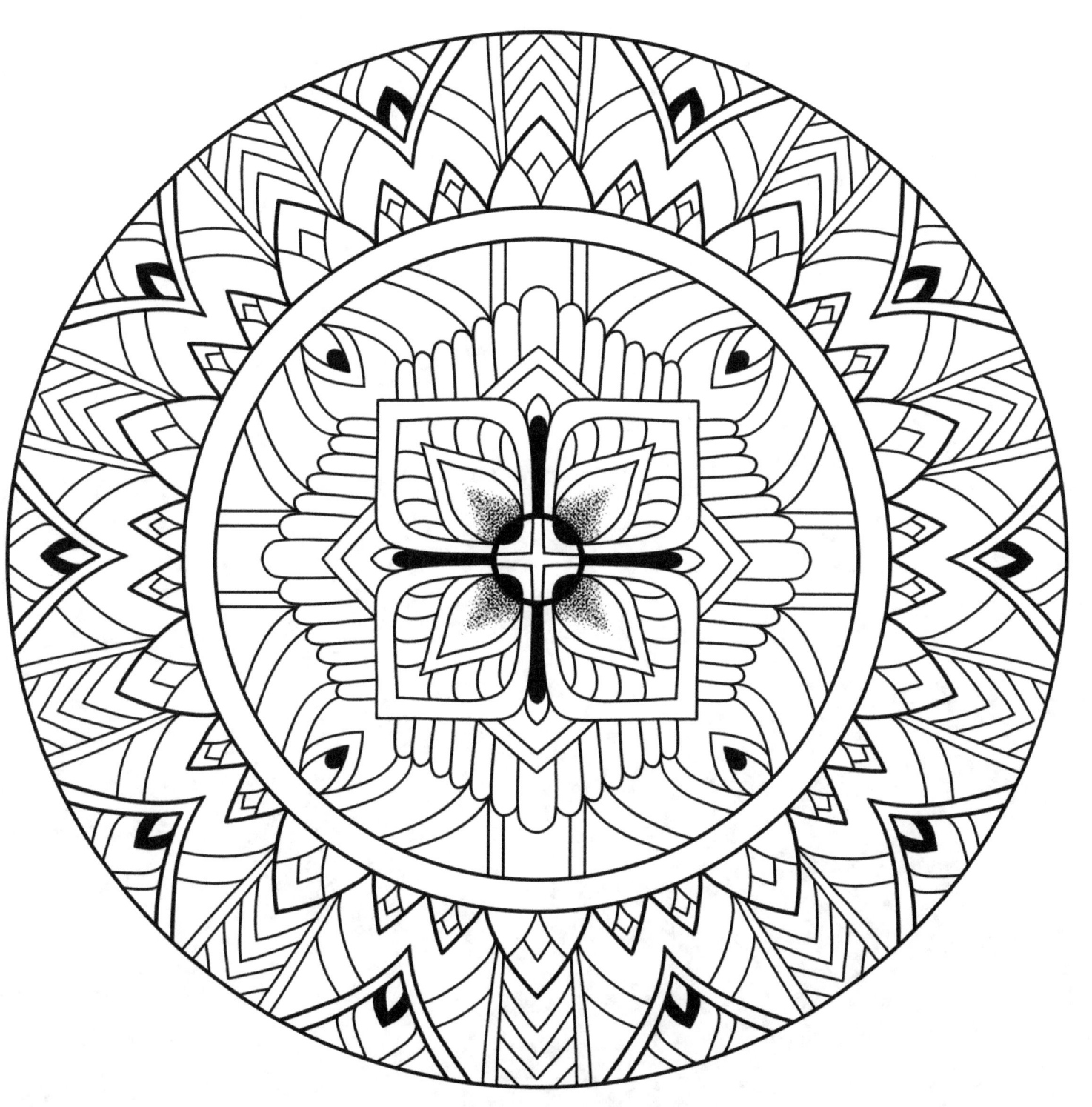

www.ingramcontent.com/pod-product-compliance
Lightning Source LLC
Chambersburg PA
CBHW081527220526
45467CB00010B/3076